AF174895

FUEGO EN EL CORAZÓN
-Teresita de Lisieux-

Gloria Lima Soriano

FUEGO
en el
CORAZÓN

-Teresita de Lisieux-

© Obra: FUEGO EN EL CORAZÓN

Primera edición: Julio, 2024

© Autora: Gloria Lima Soriano

ISBN: 978-84-10040-81-6
Depósito Legal: M-15824-2024

Pintura de cubierta: Marisol Mariño
Maquetación: Jesús Navarro Bravo

© Editado por LIBER FACTORY www.liberfactory.com

Gestión, promoción y distribución: Grupo Editor Vision Net S.L.
C./ San Ildefonso 17, local, 28012 Madrid. España.
Tlf: 0034 91 3117696 // Email: pedidos@visionnet.es
www.visionnet-libros.com

Disponible en librerías físicas y online.

A Jose Moya Santoyo,
director de mi tesis sobre Teresita de Lisieux

PROEMIO

Una vez terminé la tesis sobre Teresita de Lisieux para la Universidad de Comillas estuve viviendo en los límites de lo extraordinario. Pero la vida te exige que vivas la realidad, no desde el prodigio, sino desde la sorpresa del día a día. Inevitablemente no te puedes instalar en un fenómeno que te deja fuera de sí.

Vivir la presencia de Dios ha de tener una cierta dosis de incertidumbre, donde el asombro, acontece, como posibilidad. Un instante mágico que nos deja estupefactos y en el que estamos a las afueras de nosotros mismos, pero en las inmediaciones de lo divino.

Teresita se acercó tanto a Dios que superó la angustia que acaece en ese continuum de luz en el que, inevitablemente, quedarias desintegrado. Mirando al Señor de cerca, sin miedo sobrevivió a ese ininterrumpido incendio en el que amaneces en el éxtasis de la Creación.

La Palabra

Cuando descubro una palabra tuya,
Señor, y la recojo y la conservo
dentro del alma, en el redondo nido
o taller solitario y allí pura,
mía igual que de siempre, la moldeo
y le doy nueva forma y nuevo espíritu
hasta que en el poema la descanso,
es como si, pequeño y desprendido
de tu infinito o rama, te me dieras,
barro celeste o nieve serenísima,
y me dijeras: "Tomame, confórmame
a tu manera y voluntad, y acaba
por olvidarme entre tus cosas,
luego.

Carlos Murciano

- 1 -

La ternura de Dios reflejada en Teresa

Teresa de Lisieux se parece a esas grandes cristaleras de las catedrales que reflejan la luz del sol exterior y lo transforman en un ámbito de recogimiento, de oración y de presencia de Dios. El sol ahora ya no está en el ambiente, sino que son los colores que transfiguran sus rayos los que nos envuelven, y esto gracias a las vidrieras de la catedral; de la misma manera, el Dios invisible se hacer presencia, oración, claridad, y recogimiento. Un algo que no se puede definir nos inunda cuando nos colocamos en el centro donde confluyen todas las luces, esa insignificante claridad se nos cuela en el alma y nos transfigura. Cuando Teresa de Lisieux se dejó iluminar por Dios, toda su vida quedó transfigurada y la luz que dimana su figura nos envuelve, nos acaricia, nos arropa, y nos da la sensación de que el Dios infinito que no cabe en los cielos se hace abarcable a través de ella. Por eso nos parece tan interesante analizar la autobiografía de Teresa.

Comienzo analizando la ternura de Dios vista desde los ojos de Teresa para, posteriormente, ver reflejada esta ternura en ella misma y en los demás. Aunque la vida de Teresa parece una vida risueña de niña mona, sin embargo, también pasó por la amargura de la noche oscura, una noche que barrió como un viento helado todo hálito de vida y dejó su alma como un desierto de nieve y silencio.

La ternura de Dios desde los ojos de Teresa

La imagen que tiene Teresa de Dios es muy compleja, conoce perfectamente lo que el catecismo dice de Dios, lo que la teología afirma del Ser supremo, y lo que la Biblia dice del rostro de Dios a través, sobre todo, de Jesús de Nazaret y S. Pablo. Pero Teresa construye su propia fotografía de Dios. Con suma habilidad ilumina algunas de las partes más significativas para ella y deja en la penumbra otras menos "cristianas". Su pintura de la divinidad se parece a los cuadros del barroco en los que existen manchas de luz sobre un fondo negro. El centro de la imagen es una gran mancha de luz: el amor misericordioso y tierno de Dios, con otros puntos de interés secundarios: su justicia, su providencia, su poder, etc. Cuando contemplamos la obra de Teresa nos llevamos una fuerte impresión de luz cegadora: Dios es amor, Dios me quiere, Dios ha hecho grandes obras por mí, Dios se ocupa de mí, Yo le importo mucho.

Esto queda reflejado en su obra con una gran profusión de referencias al amor de Dios: "Me tomó la cabeza entre sus manos, me acarició: ¡nunca me había visto tan honrada! Al mismo tiempo Dios me hizo pensar en las caricias que me prodigará delante de los ángeles y de los santos, de las que me daba ya en este mundo una débil imagen, y por eso mi consuelo fue muy grande" *(Historia de un alma, p. 283).* Antes de nuestra cultura patriarcal una fase matriarcal de la religión. En esta primera fase, el ser superior era la madre. No sólo era la diosa, sino que representaba la autoridad de la familia y de la sociedad. La figura de la madre es recuperada por Teresa para expresar el todo del amor paternal-maternal de Dios.

A la madre la llevamos en lo más hondo, ella está más adentro, pero ¿ella dentro de nosotros o nosotros dentro de ella?, porque su abrazo es el cielo mismo, es ese azul que ha despertado nuestros ojos descolgándose por nuestra desnudez recién nacida. Llevamos a la madre en ese asombro que nos hunde tras la ternura caliente de la tierra, la tierra del Señor.

Ella, la madre, pronuncia nuestro ser "hijos" desde su alma con la voz de los torrentes que derrama nuestra sangre. Hijo es una palabra que nos invita a la filiación. Pero siempre se dice madre porque nos descubre reposando la memoria de todos los prodigios. No, no es posible que tengamos este asombro de "hijo" si nacemos sólo del Padre, porque sería como cerrar todos los secretos y salir al esplendor, quizá lo único que necesitamos es soñar, encerrados en el vientre Trinitario, en ese resplandor que aún no ha buscado su dirección en el espacio[1].

---

1   Todos tenemos una conciencia clara de la incondicionalidad del amor de una madre, pero también, tenemos que recordar que es omni protectora y envolvente, su carácter de incondicionalidad tampoco puede controlarse o adquirirse. El amor materno se basa en la igualdad (FROMM, E., El arte de amar, Paidós,1989, pág. 70 ss.).

Dios se muestra como la madre que adormece nuestros terrores y nos cuida con sumo cariño: "En lo intimo de mi corazón estaba convencida de que era así pues Dios es más tierno que una madre *(Historia de un alma,* p. 304).

Pero el ser humano tiene una experiencia traumática respecto al cuerpo materno del que cree formar parte: la ausencia de la madre crea angustia vital en el niño, que se siente sólo y desamparado, por eso llora desesperadamente. Esta experiencia también la encontramos en la relación de Teresa con Dios. De repente se para y se da cuenta que hay una separación entre su cuerpo y la presencia de Dios. Todos los seres humanos pedimos más, y nos quema un viejo dolor como una herida antigua; un deseo ansioso que pone distancia a nuestros sueños. Volvemos una y otra vez, y queremos recrear esta vivencia amorosa que nos levanta del suelo. Teresa va a jugar con Dios a ese juego psicológico que se muerde repetitivamente.

Si, las personas normales proyectamos nuestros deseos y nos creamos un Dios a nuestra imagen y semejanza, de modo que nos sale un Dios con el llanto caprichoso y con los salmos perdidos para siempre[2], Teresa reconoce que Dios es más fuerte que nosotros y se impone, no con la fuerza de su brazo, sino con la fuerza del corazón: "A mi, me ha dado su *Misericordia infinita* y a través de ella contemplo y adoro las otras perfecciones divinas. Entonces todas se me presentan radiantes de *amor;* hasta la justicia misma (y tal vez más que las otras) me parece revestida de *amor...* ¡Qué apacible alegría pensar que

---

2   Vamos superando la conciencia antropomórfica cuando creamos a Dios a nuestra imagen y semejanza y vemos que esta fase evoluciona en dos dimensiones, por una parte, asimilamos una naturaleza femenina o masculina de los dioses y, por otra, alcanzamos el grado de madurez que alcancen nuestros dioses y el amor que seamos capaz de depositar en ellos. (FROMM, E., *o .c.,* pág. 73).

Dios es *justo,* es decir que tiene en cuenta nuestras debilidades, que conoce perfectamente la fragilidad de nuestra naturaleza! ¿De qué podría tener miedo? El Dios infinitamente justo que se dignó perdonar con tanta bondad todos los pecados del hijo pródigo, ¿no ha de ser justo también conmigo que «estoy siempre con Él»? *(Historia de un alma,* p. 313).

La etapa siguiente la conocemos plenamente, hablamos de la fase patriarcal. La madre pierde su preponderancia y es el padre el que se eleva a la máxima categoría, es el Ser Supremo, tanto a nivel religioso como social, pero ya su naturaleza va a tener exigencias. El amor del hijo depende de la obediencia que tenga al padre[3]. Es importante para entender a Teresa que examinemos estas diferencias. Hay que tener en cuenta la desproporción entre los elementos matriarcales y patriarcales que nos presenta cualquier hecho religioso para que entendamos cómo el carácter del amor al Señor depende de la gravitación de estos aspectos en nuestro desarrollo psicológico.

Cuando siento el amor de Dios como el de un padre reconozco en este afecto que soy su hija, por eso también lo amo, porque tengo seguridad de esta filiación. Pero si descubro que el Señor es, además, mi madre, su amor consigue despertarme, miro sorprendida al cielo y veo que está rodeándome. Ahora lo descubro, lo siento, aún lato dentro de Él.

Podemos amar o temer al Dios de Abraham, pero lo que predominará en este rostro de padre estará oscilando entre

---

3   El amor del hijo depende de la obediencia que tenga al padre. Vemos que el desarrollo de la autoridad del padre va a correr en paralelo con la que adquiere la propiedad privada. Por lo tanto, se establecen jerarquías y comienza una lucha desigual por la supremacía (FROMM, E., *o. c.,* pág. 73).

la tolerancia y la ira. No ha brotado aún de nuestra intimidad la objetividad necesaria para percibir las limitaciones de nuestra humanidad, nuestra desvalidez aún no se ha quebrado. La mayoría de las veces no somos capaces de superar esta etapa infantil, la figura del Padre sigue siendo la de un padre protector[4].

En la medida en que nos hacemos autónomos superamos la frente imperturbable de nuestro padre y nuestra madre, establecemos principios que nos sostienen contra viento y marea.

Conservamos en nuestro inconsciente, como lo ha demostrado Freud[5], las distintas etapas evolutivas del niño. La cuestión es ¿hasta qué punto crecemos, ¿cuándo nos hacemos autónomos y qué tipo de autonomía tenemos? Una cosa debemos tener clara: la naturaleza de nuestro cariño al Señor corresponde a nuestra forma de entender el amor a los otros, además, la verdadera calidad de nuestro cariño y nuestro compromiso a Dios y a los hombres será frecuentemente inconsciente y encubierto por una idea más madura de lo que es nuestro amor[6].El amor a Dios nunca será completo si lo consideramos sólo padre. El aspecto femenino de la ternura de Dios es el complemento indispensable para amar a Dios como Dios se merece y el sentirnos amados de Dios como nosotros deseamos ser amados.

---

4   Es evidente que la evolución desde el principio antropomórfico al puro monoteísmo establece una diferencia fundamental en la naturaleza del amor a Dios (FROMM, E., *o. c.,* pág. 73).

5   En la medida en que las cosas sigan ese curso, la crítica de la idea de Dios, tal y como la expresó Freud, sigue siendo correcta. Pero hay otro rostro de la paternidad de Dios y en él reside el núcleo fundamental de nuestra fe (FROMM, E., *o. c.,* pág. 74).

6   FROMM, E, *o. c.,* pág. 82 ss.,

La experiencia personal de Teresa respecto a su padre y a su madre marcan la forma en que ama ella a Dios y se siente amada por Él. Teresa distingue tres periodos en la histo-ria de su alma hasta su entrada en el Carmelo. Son períodos bien definidos; el primero, a pesar de su corta duración, no es el menos fecundo en recuerdos, se extiende desde el despertar de su corazón hasta la partida de su madre querida para la patria celestial.

"Dios me hizo la gracia de abrir mi inteligencia muy temprano y de grabar tan profundamente en mi memoria los recuerdos de mi infancia que me parece que las cosas que voy a contar sucedieron ayer"[7]. Sin duda, Jesús quería, en su amor, hacerme conocer la madre incomparable que él me había dado, y a quien su mano divina tenía prisa por coronar en el cielo... Toda mi vida Dios se ha complacido en rodearme de amor. Mis primeros recuerdos abundan en sonrisas y en las más tiernas caricias, pero si bien Dios me había rodeado de mucho amor; también lo había puesto en mi corazoncito, creándolo amante y sensible, por eso amaba yo mucho a papá y a mamá y les daba muestras de mi cariño de mil maneras, pues era muy expansiva. Sólo que los medios que empleaba eran a veces extraños, como lo prueba este pasaje de una carta de mamá. La nena es un diablillo sin igual, viene a acariciarme y me desea la muer-

---

7   TERESA DE LISIEUX, *Historia de un alma*, San Pablo, Madrid, 1997, pág. 95.

te. ¡Oh!, ¡cómo querría que te murieras para que vayas al cielo!, ya que dices que hay que morir para ir allí. También le desea la muerte a su padre cuando se halla en tales excesos de amor"[8].

"Desde la muerte de mamá, mi carácter alegre cambió completamente... El corazón tan tierno de papá había acrecido su amor con un amor verdaderamente maternal... Usted, Madre mía, y María, ¿no eran acaso para mí las madres más cariñosas, más desinteresadas? Si Dios no hubiese prodigado sus rayos bienhechores a su florecilla jamás hubiera podido ésta aclimatarse en la tierra, era todavía demasiado débil para soportar las lluvias y las tormentas, necesitaba calor, rocío y brisas de primavera"[9].

Cuando somos niños no podemos reflexionar sobre cuál es nuestro amor y por qué amamos, y menos aún, en cómo correspondemos al amor de que somos objeto. Es evidente que nuestra mirada, nuestro acento, nuestro sobresalto tienen mayor claridad cuando lo descubrimos, y se nos nubla la voz cuando nos hacemos conscientes de la presencia de Dios[10]. En su relación con Dios, Dios se le revela como amor maternal: Adivinando que había encontrado lo que buscaba, fui hacia ti, Dios mío. Luego, queriendo saber qué es lo que harías *al pequeñito* que respondiera a tu lla-

---

8   TERESA DE LISIEUX, *o. c.*, págs. 95-96.

9   TERESA DE LISIEUX, *o. c.*, pág. 117.

10   Esta actitud del niño sin mediaciones puede entenderse desde el amor esponsal, amor erótico: "es la actitud desinteresada y receptiva de la esposa lo que hace que el esposo entre en su intimidad. La fe perfecta y, al mismo tiempo, ingenua, exigida por Jesús, es la garantía de la reciprocidad del amor deseado por Dios (BALTHASAR, H. U., *Teresa de Lisieux*, Herder, Barcelona, 1957, pág. 61).

mada, continué con mi búsqueda. Esto es lo que encontré: «*Como un hombre es acariciado por su madre, así os consolaré yo, seréis llevados en brazos y acariciados sobre las rodillas*». (*Historia de un alma*, p. 350)

La doctrina y la vida de Teresa está toda ella tocada por la ternura del Señor. Todo su deseo se cifra en cantar enteramente esta misericordia, haciendo partícipe de ella a toda la humanidad. Por haber encontrado a Dios Amor en la propia pequeñez, se adentra con audacia en el corazón del Señor, y allí encuentra un lugar para todos los hermanos. Amándole a él, se ha agrandado mi corazón, y se ha hecho capaz de dar a los que aman una ternura incomparable... hacer bien a las almas, hacerlas amar más a Dios... estoy dispuesta a dar mi vida.

Nos abismamos en la caridad y este gozo nos descubre las entrañas del Padre. Abismarnos, anonadarnos para que nos acoja en el sentido más pleno, podemos describir el carácter solícito del amor, afirmando que amar es fundamentalmente dar, no recibir.

¿Qué es dar? Parece una respuesta muy simple, pero está llena de ambigüedades. El malentendido más común consiste en suponer que dar significa "renunciar" a algo, privarse de algo, sacrificarse. Cuando damos desde el mismo centro, desde el corazón, nuestra fuerza nos sobrepasa, es una actividad que se materializa en el nacer mismo. Desde él brota nuestra vida, no hay lucha en este gesto que se alza insondable por el mar de nuestros impulsos. Cuando descubrimos este misterio, cantamos, como lo hizo la Virgen y como hiciera también Teresa, sale el Magníficat como una alabanza eterna. Entonces ni damos ni nos entregamos, sino que aceptamos: "He aquí la esclava del Señor". Siempre es

Dios el dador, el que se vincula a nosotros y hace posible este abrazo. Aquí alcanza Teresa la intuición esencialmente bíblica de la misericordia y la ternura de Dios. Yahvé es el Dios de la piedad, lento a la cólera y lleno de dulzura. En hebreo no hay palabras abstractas para designar este amor, es una expresión muy concreta, la del seno maternal: las entrañas de misericordia.

En términos bíblicos, este amor se convertirá en acogida y reciprocidad. En el vocabulario neo-testamentario, y más especialmente en Pablo, se tratará de la gracia. Por eso el ángel Gabriel saluda a María: "Alégrate, llena de gracia"; lo que equivale a decir: "Dios te ha mirado con una intensidad de ternura y de misericordia tal, que su amor te ha hecho amable y graciosa a sus ojos".

Teresa tiene el carisma de María, el de los humildes que cantan las misericordias del Señor, el de los más pequeños y los pobres. Y en este sentido, la oración de María -como la de Teresa- alaba a Dios por haberla preservado del pecado, este es el carisma del Magníficat. Ella, la niña, débil y humilde, ha sido hallada a los ojos de Dios hermosa y digna de este cariño y, sin más preámbulos, se ha cogido de su mano y se ha abandonado abierta como una palomita en su amor creador: *Dios me mostraba claramente, sin que yo cayese en la cuenta, el medio de agradarle y de practicar las virtudes más sublimes. (Historia de un alma, p. 292)*

Cada gesto de Teresa tiene la huella de Dios

¡Qué dulce fue el primer beso de Jesús a mi alma!... Fue un beso de amor, yo me sentía amada y decía: "Te amo, me doy a ti para siempre". No difiere esta experiencia que ama con necesidad de exclusión a la del Cantar de los cantares. La experiencia del Cantar es revolucionaria, aunque ya en el Génesis ("Se junta a su mujer y se hacen una sola carne") se sientan las bases de la exclusividad, y el reiterado mensaje profético de fidelidad a Yahvé, único esposo de esposa única, todo ello apunta en la misma dirección.

Lo que sobresale de nuestra humanidad brota con la primera palabra, es un bien que se nos transmite genéticamente y que se distribuye a través de, nuestras células. Cada mirada traduce secretos movimientos del alma, cada gesto es diferente, cada huella digital tiene el tacto renovado, cada voz es singular en esta mezcla de sonidos... Y el olor, el ritmo respiratorio, las ondas cerebrales. Existe toda una galaxia de experiencias personales que son el misterio de nuestra personalidad única, de nuestro cuerpo/mente. El verdadero amante se extasía meditando con júbilo en su amada como si fuera la primera vez que la contempla, descubre cómo minuto a minuto se transforma el paisaje de su piel y de su alma; el olor matiza nuevos senderos y la vida es siempre nostalgia de lo anterior y éxtasis de lo que ha de venir. Cada palabra, cada acción, cada movimiento, de los jóvenes del Cantar expresa un estilo de relación fundada en un cálido erotismo y en una comprometida amistad[11].

---

11   CARRERA, DE LA N., *Amor y erotismo del Cantar de los Cantares*, Nueva Utopía, Madrid, 1997.

Cantico

1
¿Adónde te escondiste,
Amado, y me dexaste con gemido?
Como el ciervo huiste
Aviendome herido:
Sali tras ti clamando y eras ido.

32

Cando tú me miravas,
Su gracia en mi tus ojos imprimían;
Por eso me adamavas,
Y en esso merecían
Los mios adorarlo que en ti vian.

36

Gozémonos, Amado,
Y vámonos a ver en tu hermosura
Al monte y al collado,
Do mana el agua pura;
Entremos más adentro en la espesura.

San Juan de la Cruz

No hubo para Teresa peticiones, tampoco sacrificios. Desde hacía mucho tiempo Jesús y ella se habían mirado y se habían comprendido. Ese día la mirada la abrasó y se encendieron rotos en su carne. Teresa había desaparecido como la gota de agua se pierde en el océano. Quedaba sólo Jesús, Él era el dueño, el rey.

"No tenía en esa época la audacia que tengo ahora. De lo contrario, habría obrado de otra manera pues estoy segura de que un alma debe manifestar a su confesor el atractivo que siente por recibir a su Dios, quien desciende cada día del cielo, no para permanecer en el copón de oro, sino para encontrar otro cielo que le es infinitamente más querido que el primero: el cielo de nuestra alma, hecha a su imagen, templo viviente de la adorable Trinidad"[12].

Cuando crecemos de atrás hacia adelante, mirándonos más allá de nuestra mirada, nos vamos identificando con esta paciencia de Dios[13], y, entonces, comprendemos que no necesitamos rezar para conseguir su cariño, rezar no es una necesidad ontológica sino estructural, rezamos como alabanza que brota siempre de la cercanía de Dios, rezamos como cualquier enamorado cuando necesita describir sus sentimientos y repite y pregunta constantemente: te quiero; ¿tú me quieres? y parece que se eterniza en esta pregunta por más que la respuesta sea innecesaria. Cuando rezamos estamos haciendo lo mismo con Dios, no nos cansamos de hablarle, de preguntarle, de asegurarnos que nos ama y de decirle la magnitud de nuestro cariño. Nuestro amor a Dios no es como el que sentíamos cuando éramos pequeños, que

---

12   TERESA DE LISIEUX, *o. c.*, pág. 173.

13   Cuando de verdad somos religiosos, captamos la esencia del monoteísmo. Dios se convierte en el símbolo de una etapa más temprana y tenemos que ir evolucionando. Se tiene fe en los principios que "Dios" representa, pensamos la verdad, vivimos el amor y la justicia y consideramos que nuestra vida toda es valiosa, sólo en la medida, en que le damos la oportunidad de humanizarnos (FROMM, E., *o. c.*, pág. 74).

sólo nos interesaba recibir un premio, pedirle algo. Cuando somos adultos y nos hemos enamorado, desbordándonos, adquirimos una humildad con aires de fiesta, como ese traje que estrenábamos el día del Corpus Christi y que, de alguna manera, se nos ha quedado pegado en el doblez de nuestra alma; una humildad nueva que nos recuerda esta limitación que persiste a pesar de los años[14].

Pero cuando llegamos a comprender el amor de Dios, guardamos silencio. Silencio en nuestro interior, no cómo sinónimo de mudez, sino que cerramos los labios para que nuestras palabras hablen muy adentro y crezcan en ese eco que, a pesar de todo, se nos escapa. Así, Él puede encontrarnos y se dobla desde nuestra voz ronca, herida en nuestra garganta, donde habita y habla la Palabra. Esta es la condición para que esta luz interior brille e ilumine nuestra vida. Sin esta fuerza de gravedad que imprime Dios en el fondo de nuestra conciencia no podríamos iniciar ningún tipo de movimiento que nos orientara hacia un más allá absoluto, un más allá eterno.

Recuerda Teresa como había amado lo grande, lo bello; pero en la época adolescente le acometió un gran deseo de saber, y aunque estaba en la edad más peligrosa para las niñas, Dios hizo en ella lo que relata Ezequiel en sus profecías: "Al pasar junto a mí Jesús vio que había llegado para mí el tiempo del amor, hizo alianza conmigo y fui suya... Extendió sobre mí su manto, me lavó con perfumes preciosos, me puso un vestido bordado, me adornó con collares y joyas de gran precio... Me alimentó con la mejor harina,

---

14   Amar a Dios, si usara esa palabra, significaría entonces anhelar el logro de la plena capacidad de amar, para la realización de lo que "Dios" representa en uno mismo (FROMM, E., *o. c.,* pág. 74).

con miel y aceite en abundancia... Llegué a ser hermosa a sus ojos, e hizo de mí una reina poderosa."[15]

Teresa, la novia del Cantar de los cantares

La vocación de Teresa es ser esposa. Ella se siente mujer y no renuncia a la relación íntima y a los derechos de las esposas con relación a su Amado: "Sin duda que estos tres privilegios *Carmelita, Esposa y Madre* son realmente *mi vocación. (Historia de un alma,* p. 329).

Teresa se hizo mujer leyendo la Biblia, Jesús le canta desde el Cantar sus poemas más personales; y cuando lee a San Juan de la Cruz se enardece con la voz apasionada de Dios que, como una flora viva, aprieta su corazón, y los latidos se vuelven torpes, delirantes; la besa en lo más interior, y le cruje la sangre palpitando aleluyas. El Cantar se abre como una flor exótica sobre su piel, no podemos explicar cómo ha llegado allí, pero reconocemos su belleza, su aroma; su erotismo abierto exhala efluvios antiguos que nos hablan siempre del amor. Así, transcendidos, se enreda Teresa en esta relación donde el yo y el tú se pierden abrazados.

Para el amante, apoyado por el coro, ella es su cielo: "¿Quién es aquella que asoma como la aurora, / hermosa como la luna, / radiante como el sol, / imponente como un ejército de estrellas?" (6,10).

Para la amada, él es "gallardo como el Líbano." (5,15) impresionante como la estatua de un dios: "Marfil tallado es su cuerpo, /todo incrustado de zafiros. / Como columnas de alabastro, sus piernas / se asientan en bases de oro puro." (5,14 2) Descansará la enamorada bajo sus ramas de

---

15 TERESA DE LISIEUX, *o. c.,* págs. 206-207.

manzano como Israel bajo el manto de Dios: "A su sombra apetecida estoy sentada." *(2,3)*

Habrá que escribir con mayúscula este amor, así le ocurrió a Teresa de Ávila en su transverberación. Quema las entrañas con misterioso dardo porque es el Amor una verdadera "llamarada de Dios." *(8,6)* Es el tú más cercano, camino y presencia del Tú absoluto. El Cantar es humano, muy humano, lleva una semilla divina en cada surco.

Erotismo abierto de amantes hacia la unidad: "Yo soy para mi amado, y mi amado es para mí." *(6,3)* En definitiva, es la originalidad esencial que, desde todos nuestros recodos, se abre paso en la Presencia que nos habita y motiva nuestra vida y nuestra muerte pero que, en definitiva, nos redime

Teresa comprende mejor cómo actúa el Señor; lo principal que descubre es que a Dios no se le conquista, se le acepta; Él se da, Él se quiere reservar para sí la dulzura de dar. A nosotros nos toca respetarle, aceptarle desde nuestra debilidad. Nuestra misión es la de ser sencillos e insignificantes como una gotita de rocío[16]. Jesús la hizo nacer en una tierra santa y totalmente impregnada de un perfume virginal. Es él quien la hizo preceder de ocho azucenas resplandecientes de blancura. En su amor quiso preservar a su pequeña flor del soplo envenenado del mundo. Apenas su corola comenzaba a entreabrirse, el divino Salvador la trasplantó a la montaña del Carmelo donde las azucenas que la habían cuidado y acunado dulcemente en la primavera de su vida daban su suave aroma[17].

Ella aprende a ser mujer junto a su padre. Recuerda su infancia, junto a su padre: "me divertía mucho preparando

---

16   TERESA DE LISIEUX, *o. c.,* pág. 57.

17   TERESA DE LISIEUX, *o. c.,* pág. 94.

tisanas con semillas y trocitos de corteza de árbol que recogía del suelo.

Me gustaba cultivar mis florecillas en el jardín que papá me había dado, me divertía levantando altarcitos en el hueco que se encontraba en mitad de la pared... El hacía todo lo que yo quería y se dejaba conducir frente a mi jardincito, entonces yo gritaba: ¡Papá, abre los ojos!... Eran días hermosos para mí aquellos en que mi "rey querido" me llevaba a pescar con él, tanto amaba yo el campo, las flores y los pájaros. A veces intentaba pescar con mi caña pequeña, pero prefería ir a sentarme sola sobre la hierba florida, entonces tenía pensamientos muy profundos, mi alma se abismaba en una verdadera oración"[18]. "A mi alrededor todo era alegría y felicidad, era festejada, mimada, admirada; en una palabra, mi vida durante quince días (que estuvo en Alençon) sólo estuvo sembrada de flores..."[19]. "También la Santísima Virgen velaba sobre su florecilla y, no queriendo que se fuera a empañar con el contacto de las cosas terrenales, se la llevó a su montaña sin esperar a que abriese su corola... "[20].

"En definitiva, cuando un jardinero rodea de cuidados un fruto que quiere hacer madurar antes de tiempo no es para dejarlo suspendido del árbol sino para presentarlo en una mesa muy bien servida. Con una intención semejante prodigaba Jesús sus gracias a su florecilla. Pero, ¿cómo dará testimonio de su amor, ya que el amor se prueba por las obras? Pues bien, el niñito arrojará flores, perfumará con su aroma el trono real, cantará con su voz argentina el cántico del Amor"[21].

18   TERESA DE LISIEUX, *o. c.,* pág. 120.
19   TERESA DE LISIEUX, *o. c.,* pág. 166.
20   TERESA DE LISIEUX, *o. c.,* pág. 187.
21   TERESA DE LISIEUX, *o. c.,* pág. 212.

Su función de esposa la resume Teresa con dos palabras: Delicadeza y mimo: "Me sería imposible decirle, Madre querida, cuánto aprendí de ella acerca de las delicadezas que una esposa debe prodigar a su Esposo; escuchaba ávidamente todo lo que me podía servir para aprender a este respecto" (*Historia de un alma*, p. 295). No es necesario hacer grandes cosas, pero sí hacerlas con mimo: "Practicando estas *naderías* me preparaba a ser esposa de Jesús, y no puedo expresar cuán dulces recuerdos ha dejado en mi esta espera..." *(Historia de un alma*, p. 270).

El estado de enamoramiento es mutuo y entre los amantes se produce un intercambio de detalles: La flor que va a relatar su historia se regocija de tener que publicar las delicadezas enteramente gratuitas de Jesús, reconoce que nada en ella era capaz de atraer su mirada divina y que todo lo bueno que hay en ella proviene únicamente de su misericordia. Es él quien la hizo nacer en una tierra santa y como totalmente impregnada de un *perfume virginal.*" (*Historia de un alma*, p. 94). El anillo de bodas fue un capricho de Teresa, ella quería que todo estuviese nevado: "El jardín del claustro estaba tan blanco como yo. ¡Qué delicadeza la de Jesús! Respondiendo a los deseos de su pequeña prometida, le regalaba nieve. (*Historia de un alma*, p. 282).

Me consumiré en tu locura

El amor entre los esposos coloca a los amantes en una situación de transfiguración permanente, o, como le pasó a Teresa de Ávila, de transverberación. Los esposos se sienten inundados de luz, y los sentimientos fluyen como en un torrente de alta montaña en una fiesta inacabable: "En nosotras se realizaron las palabras del cántico de san Juan de la Cruz, cuando hablando al Esposo, la esposa exclama: «A zaga de tu huella los jóvenes discurren el camino, al toque de centella al adobado vino, emisiones de bálsamo divino» (*Historia de un alma*, p. 209).

"Así, Amado mío, se consumirá mi vida. No tengo otro medio de probarte mi amor que arrojarte flores, es decir, no dejar escapar ningún pequeño sacrificio, ninguna mirada, ninguna palabra, aprovechar todas las pequeñas cosas y hacerlas por amor. Quiero sufrir por amor y hasta gozar por amor: así arrojaré flores delante de tu trío y todas las que encuentre las deshojaré para ti... además, al arrojar mis flores, cantaré (¿se podría llorar al hacer tan gozosa acción?), cantaré, aun cuando tenga que cortar mis flores en medio de espinas y mi canto será tanto más melodioso cuanto más largas y punzantes sean las espinas.

Jesús, ¿para qué te servirán mis flores y mis cantos? Sé muy bien que esa lluvia fragante, esos pétalos frágiles y sin valor, esos cantos de amor, del más pequeño de los corazones te va a encantar, esas naderías te gustarán, harán sonreír a la Iglesia triunfante, que recogerá mis flores deshojadas por amor y haciéndolas pasar por tus manos divinas, y, queriendo jugar con su niñito, arrojará a su vez esas flores, que al contacto de tus manos divinas habrán cobrado un valor infinito, sobre la Iglesia que aún sufre, a fin de apagar sus llamas"[22].

---

22 BALTHASAR, U. V., *o. c.,* pág. 337: La imagen de la rosa deshojada le sirve en la parte más solemne de su libro para describir la naturaleza de su propia misión: ¿Cómo ha de demostrar su amor a Dios, ella a quien las grandes obras de los santos le están prohibidas? Y ella sabe que estas hojas sin valor las recogerá la Iglesia celestial, las pasará por las manos

El amor transforma nuestra mirada; como un fulgor nace entretejido en la materia, que aún está desunida, y pintamos el origen en cada movimiento. Aún no existe la claridad de la mañana, parece la vida un espejo sin memoria, una forma cambiante y transitoria que es anterior al hombre y es humana. Los objetos que están frente a nuestros ojos adquieren otras dimensiones, nuevos colores. La vida florece y todo en ella nos evoca al amado, todo huele diferente si superamos nuestro narcisismo[23]. Las proyecciones psicológicas no se pueden objetivar; cuando estamos enfermos la única realidad que existe es la que está dentro de nosotros. Con nuestros temores y deseos vemos el mundo exterior como símbolo del interior, es nuestra creación. Siempre procedemos de la misma manera cuando soñamos, porque recreamos nuestro ensueño. Tanto si estamos o no enfermos tenemos una visión del mundo totalmente subjetiva; de alguna manera todos estamos más o menos dormidos y, por eso, es tan fácil que deformemos la realidad, o al

---

del Señor para darles valor infinito y esparcirlas luego sobre las llamas de la Iglesia doliente. La rosa que se deshoja se entrega para no ser; sobre las hojas de rosa se camina tranquilamente y estos residuos son un sencillo ornamento que se dispone sin arte. Rosa marchita para siempre, he de morir por ti, Jesús.

23   En la orientación narcisista se experimenta como real sólo lo que existe en nuestro interior, mientras que los fenómenos del mundo exterior carecen de realidad de por sí y se experimentan sólo desde el punto de vista de su utilidad o peligro para uno mismo. El polo opuesto del narcisismo es la objetividad; y poder separar esa imagen objetiva de la imagen formada por los propios deseos y temores. En todas las formas de psicosis hay una incapacidad extrema para ser objetivo (FROMM, E., *o. c.,* pág. 115).

menos, que no la veamos objetivamente, sino con ese halo que le pone el propio ensueño[24].

Al mirar la imagen que proyecta Teresa de Dios, podemos hacerlo mirando directamente la imagen que está ahí, en medio de nosotros como una concreción materializada de su alma: la *Historia de un alma*; pero podemos dejar que sea ella misma la que hable de sí misma. Hemos optado por dejar hablar a Teresa y que sea ella la que haga introspección sobre los contenidos de su propia conciencia, sabiendo que el contenido de su conciencia es Dios. La pregunta que le formulo a Teresa es: Teresa, ¿cómo es tu Dios, es un Dios fenomenológico, o es un Dios real?, pero su Dios fenomenológico, por la intencionalidad, hace referencia al Dios real, Dios intangible, invisible, inabarcable, que, al encarnarse en la conciencia de Teresa de Lisieux se hace visible, tangible y abarcable. Por ello quiero analizar la imagen que tiene ella de sí misma, del contenido de su conciencia y de los condicionantes que encierra su existir como mujer.

CARTA A TERESITA DE LISIEUX

La infancia suele ser un río que nunca acaba en el mar, sino en la memoria. Y en mi memoria, de alberca adormecida, sigues tú Teresa, Teresita.

Después de tantos años, la luz de tu nombre aún baja por mi frente y se detiene y a veces gira con vuelos de paloma.

Yo te amaba en mis años pequeños, cuando mayo amanecía por las calles de Granada arrastrando olores a nieve derretida y tiernos algarrobos.

---

24   FROMM, E, *o.c.,* págs. 115-116

Yo te amaba por aquellas tardes granadinas de Cármenes
Cuajada de rosales, de hierbaluisa; flores que servían
para las Cruces de Mayo.

Recuerda Teresita que algunas de esas rosas eran para ti,
(muchacha de geometría celeste, con toca enmarcando tu
rostro más tierno que los círculos del agua).

Seguirá pasando el tiempo por esta frente mía y en ella
seguirás estando tú, compartiendo mi vejez y mi andadura
como la barca acompaña al pescador más allá del mar y de
la arena.

ÁNGELA REYES

- 2 -

Autoconciencia de Teresa

La historia de un alma es la historia de una autorreflexión y la toma de conciencia de una forma de ver el mundo, de verse a sí misma y a los demás. Nos dicen los científicos de la psicología cognitiva que conciencia o, mejor dicho, la consciencia es una "rara avis", ya que solemos actuar por mecanismos semiconscientes. Sólo en los momentos en que es necesario tomar una decisión importante somos conscientes plenamente. De todos modos, existen personas que son muy autorreflexivas y otras que están más volcadas hacia el exterior. Teresa de Lisieux se coloca entre las personas introvertidas, es decir, volcada hacia la vida interior. Pero, cuando analizamos la autoconciencia de Teresa, encontramos que tiene una capacidad asombrosa para la autorreflexión y la autoconsciencia. Ella misma lo reconoce en su autobiografía: "Yo era de carácter alegre, pero me faltaba destreza para tomar parte en los juegos propios de mi edad. Muchas veces, durante el recreo me apoyaba en un árbol, y desde allí contemplaba el espectáculo, entregándome a serias reflexiones" *(Historia de un alma,* p. 179).* Hay un estudio sobre la afectividad psicopedagógica en Teresa de Ávila que guarda relación con la autoconciencia de Teresa de Lisieux. Para Teresa de Ávila, la afectividad consiste en observar íntimamente las realidades externas y experimentarse a sí misma, convirtiendo en algo propio cualquier contenido de conciencia. A este acto lo llama vivenciar, porque se adquiere la certeza de que incluso el cielo está empapado con nuestras lágrimas[25].

"¡Sí supieras qué indiferente quiero ser a las cosas de la tierra! ¿Qué me importan todas las bellezas creadas? Sería desdichada poseyéndolas ¡estaría tan vacío mi corazón...!"

La conciencia, misterio insondable

Entramos con Teresa en lo más interior, lo esencial de la existencia humana, buscamos constantemente la tierra prometida: ese lugar que añoramos y que desde cualquier punto de nuestro ser nos grita para que descubramos su existencia. Adelante, nos insiste, pero gravitamos en torno a nuestro mundo interior. La tierra de nadie que nos empuja y constantemente caemos hacia ella, o en ella somos empujados por una mano que no sabemos a quién pertenece. Tenemos que levantarnos una y otra vez, debemos incorporarnos y caminar. El mayor problema surge cuando no tenemos claro qué es lo que estamos buscando, ¿qué queremos exactamen-

---

25   LÓPEZ IBOR, *Lecciones de psicología médica,* 2ª ed. Madrid, 1964. En este sentido vemos que cuando se refiere a los afectos lo hace con un sentido muy próximo al propuesto por López Ibor: El afecto fomenta el interés del sujeto y orienta su atención, más que hacia algo, hacia alguien.

te? Entonces es muy fácil que perdamos el rumbo, quizá lo que nos ocurre es que no tenemos ninguno en perspectiva. Pero también es cierto que todos, aunque sea inconscientemente, queremos alcanzar una meta, un paraíso al que poder llegar. Esta necesidad de utopías nos permite sobrevivir. Con frecuencia el camino se hará difícil, pero, aunque las circunstancias parezcan adversas, vemos como Teresa se dejaba guiar por la intuición; también nosotros tenemos que adaptarnos y también debemos recurrir a nuestra guía interior. No nos va a resultar nada fácil recurrir a esta guía interior porque no estamos acostumbrados y no solemos reconocerla, pero desde su diminuto fulgor, podemos advertir que hay algo mayor que nuestros pensamientos[26].

Preguntaron las compañeras a Teresa ¿por qué lloras? Ella sentía dentro de su corazón que Dios se le escapaba e interiormente confesaba: ¿no comprenden que, al poseer todo el gozo del cielo, este corazón desterrado no puede soportar tanto bien sin derramar lágrimas? Precisamente el día de su primera comunión, un Dios grande, enorme... tanto que la dejó sin hueco para las palabras, la enamoró y no pudo con tanta felicidad[27], por eso brotó su llanto libremente

---

26   FROMM, E, *o.c.*, pág. 18.
27   TERESA DE LISIEUX, *o.c.*, pág.167.

sin otra necesidad que la de arrullarla tibiamente. Estas lágrimas manifestaban ya el paso del Espíritu.

Mayúsculo dios

Aquí estoy dios, aquí estoy yo, Dios mío,
dios de mi propio ser, dios insolente,
dios minúsculo, sí, pero presente:
me conozco, me toco, me sonrío.
Digo "Soy dios", y un largo escalofrío
me recorre por dentro. Digo "Tente",
y me detengo. Digo, de repente.
"Avanza". Y me desbordo como un río.
Soy dios de mí, mi solo dios. ¿Mi solo
Dios?   me pregunto, y no respondo. No lo
Sé. O sí lo sé muy bien. Pero me callo.
No calles. Tu ya más, te lo repito.
Hiéreme, Dios mayúsculo, tu grito.
Y tíreme tu rayo del caballo.

Carlos Murciano

Todo cambia cuando sabemos dónde vamos y qué es lo que queremos. De alguna manera nos hacemos conscientes de que la tierra prometida no es una utopía, sino que es posible localizarla, es una meta razonable y nuestro horizonte adquiere unas características concretas. También desde una realidad determinada nuestros pensamientos se sintetizan más e incluso se hacen armónicos. Teresa deja que broten las emociones desde esta revelación.

Exactamente no podemos precisar qué queremos decir, pero sentimos dentro de nosotros que estamos en comunión con todo lo creado. Una nueva claridad destapa los rostros de todos los hombres. Nos rodean, están vivos y no habíamos reparado en ellos. Buscamos siempre algún prodigio, pero los milagros se disfrazan de cotidianidad y nos encontramos con que la costumbre tiene el resplandor en lo más ordinario. De alguna manera entendemos que algo nos ha ocurrido, desvelándose el pasado ante nuestra mirada, y somos capaces de reconocer también nuestras posibilidades de futuro[28]. Esto no ocurre en el instante en el que nos asalta el conocimiento, sino que tiene que taladrar el alba para que nuestros ojos descubran la visión verdadera.

Este nuevo registro nos proporciona, por una parte, conciencia de nuestra semejanza con Dios, pero también se nos manifiesta la diversidad con la que los otros se nos imponen en una relación dialogal -no lineal- y se alzan ante nosotros con una verticalidad que nos estremece. Nos extendemos en una cruz formada por el tiempo y la eternidad, venimos de ayer y aunque estamos en el hoy, en el aquí y ahora, de nuestra consciencia, nos arrastra el futuro. Es sencillo, apenas nos damos cuenta y se nos manifiesta toda la creación. La vida se nos desboca y súbitamente zozobramos. El horizonte se cierra tras nuestra propia disolución. Este es el principio de nuestros descubrimientos, pero, también, de alguna manera, es el paso para que desvelemos la angustia. Crece la inseguridad como aguardando un movimiento en falso, entonces el enojo nos envuelve en ceniza y nos disuelve. El aire también es polvo que ciñe la geometría de nuestros pensamientos cansados. El terror es un

---

28   FROMM, E, *o.c.,* pág. 19.

compañero inseparable de nuestros sueños. Así, recuerda Teresa las cartas que su madre mandaba a Celina hablándole de su terror nocturno: Ni siquiera se podía decir de mí que "me portaba bien cuando dormía", porque de noche era más movediza que de día: "mandaba a paseo todas las mantas y, además, dormida, me golpeaba contra la madera de mi camita; el dolor me despertaba y entonces decía: "Mamá, me he hecho daño". Mi pobre mamá tenía que levantarse y comprobaba que en efecto tenía chichones en la frente que me dolían; me tapaba bien e iba a acostarme de nuevo; pero al cabo de un momento volvía a empezar, tanto que tuvieron que atarme a la cama"[29].

> **Una constante búsqueda**
> me anima a proseguir; a veces
> desamparada, dudo,
> busco donde agarrarme.
>
> Otras muchas,
> las hadas salvaguardan la inocencia.
> Hay una coincidencia que me lleva
> por la senda del corazón.
>
> Gloria Lima

La autoconciencia y el miedo al misterio

A veces, oímos un llanto desprovisto de razones y no sabemos quién llora. Teresa había olvidado, quizá aún no había descubierto que formamos parte de una cultura que

---

29   TERESA DE LISIEUX, *o.c.*, pág. 104.

nos habla del destierro. Incluso no sabemos bien quién o por qué hemos sido desterrados, sin embargo, el terror nos despoja y se apodera en su sinrazón de todos nuestros movimientos y nos paraliza; inconscientemente nos sentimos arrojados del paraíso[30], nos quedamos en un espacio donde no podemos instalarnos, el alma parece que se queda sin músculos y nos invita a salir, a que arrastremos nuestra lengua en esa materia inerte que nos desaloja de nosotros mismos[31]. "Celina y yo éramos como dos pobrecitas desterradas". Poco a poco también la niña se irá dando cuenta que la inseguridad se ha quedado pegada en algún recodo del camino. Cuando nos relata sus primeros recuerdos de la infancia no es tan evidente su ansiedad y, menos aún, que se trate de una angustia existencial, pero desde el mismo momento de su nacimiento, con la enfermedad de su madre y su propia debilidad irá percibiendo esa amenaza que la dejará desvalida y en la sombra. Teresa es criada en el campo por un ama y cuando tiene dos años sus padres vuelven a llevarla al hogar, la niña no sabe a quién amar, desconoce a su verdadera familia y este desconcierto tejerá la urdimbre de un verdadero desasosiego existencial. Necesitó superar este desajuste psicológico que volvería a precipitarla durante la noche, mientras dormía. Sin embargo, lo supera de una manera desmedida en la exteriorización de sus afectos.

Autoconciencia como aprehensión de una realidad fugaz

Cuando amamos de alguna manera cubrimos nuestra propia necesidad de amor y Teresa vuelca su ardiente cora-

---

30   FROMM, E, *o.c.* pág. 19.
31   FROMM, E, *o.c.* pág. 114.

zón en sus padres y sus hermanas, sus halagos son desmedidos, su necesidad de exteriorizar tanta ternura sale atropelladamente. Esto nos ocurre a todos cuando amamos, porque el amor es un afecto activo que se nos escapa cuando nos volcamos en esta empresa de amar. En esta vivencia vamos doblando tanto nuestras energías que al final somos arrastrados por esta fuerza hasta que nos domina.

Por eso desde el nacimiento hasta la muerte, la iluminación, se nos curva y fluye como un sol desbrozado, y sentimos los dedos desde una catarata que se nos enreda entre las manos. A veces, la luz y nosotros corremos con los mismos zapatos, la velocidad nos asfixia. ¿Cómo puede Teresa, presa en esa actividad que engendra los días, sin acabarlos, hacer un alto en el camino para reencontrarse consigo misma, para descubrir la conciencia de que es una elegida de Dios? Ve al Señor cara a cara y entiende que es pequeña, que es aún barro entre sus manos. Este es el punto de inicio para adquirir la autonomía, a partir de aquí será Dios quien la sostenga en sus brazos y vista su carne detenida. "Al comienzo de mi vida espiritual, nos confiesa, hacia los trece o catorce años, me preguntaba qué más podría adquirir en lo sucesivo, pues creía que me era imposible comprender mejor la perfección[32]. Pronto reconocí que cuanto más se adelanta en este camino, tanto más lejos del término se cree uno, y por eso ahora me resigno a verme siempre imperfecta y en eso encuentro mi alegría."[33]

---

32   ERESA DE LISIEUX, *o.c.*, pág. 285.
33   TERESA DE LISIEUX, *o.c.*, pág. 286.

La capilla

Y siempre los domingos
mostrándonos las fiestas de guardar,
mandamiento infalible
en las conciencias blancas
de nuestros pocos años.
El órgano invadía
con música de siempre los oídos
rodeando la piedad de nuestra fe,
y un coro inocente
con nuestras voces mínimas,
repetía viejas adoraciones
mil veces ensayadas
que atentas aprendimos,
y en nuestras manos
misales que guardaban
pequeñas estampitas
siguiendo la costumbre
de imágenes de vírgenes y santos
que en dorados altares se exhibían
con su mirada inalterable.
Y siempre Cristo Rey en lo más alto,
coronando la gloria.

Milagros Salvador

La autoconciencia y la realidad exterior

La indiferencia de Teresa por el mundo exterior no es un abandono del mundo ni un desinterés por la realidad que la rodea, es, simplemente, que Teresa ha descubierto que para poder volar a las cumbres del amor es necesario estar ligera de equipaje: "Vivo sin preocupación alguna por las cosas de la tierra" (*Historia de un alma*, p. 364). Este desapego por las cosas de la tierra le dieron la posibilidad de tener un mundo interior mucho más rico: "Indudablemente que haría todo lo que de mí dependiera, pero conozco mi incapacidad y sé que aún con mi mejor voluntad no lograría hacerlo bien, pues como le acabo de decir, no tengo noción de las cosas de la tierra. Mi único fin sería cumplir la voluntad de Dios, sacrificarme por él del modo que él quisiere (*Historia de un alma*, p. 365).

Una vez que Teresa descubre la locura del amor, lo vive con toda intensidad a orillas de la vida; es la experiencia de la preexistencia. No es un concepto, es un acontecimiento que nos desnuda de todas las soledades; es un arranque que nos transforma desde el mismo sueño de Dios. Palpitamos en este estado virginal sin pecado de intelecto, ni de voluntad, ni de memoria; parece que ha llegado a nuestra cintura el tiempo de los pájaros y tiembla el amor en nuestros labios. Nacemos sin desdoblamiento, sin angustia, la violencia no se atreve a rasgar el velo en que aparecen encubiertas las cosas. Como un pan crecemos y nuestra identidad despierta todos los besos de la historia y prolonga nuestro canto. Ahora su interior es lo más auténtico que descubre en esta búsqueda. Ve a los otros cara a cara. Desde esta nueva realidad Teresa atraviesa las barreras que la separa de sus hermanas y la une con un lazo más fuerte que el sanguíneo. Superará esa incomunicación con la que nacemos y que la va a ascender a una conciencia despierta[34]. Por medio de la caridad podemos conseguir que esta celeridad no necesite desdoblarnos, no es preciso exprimir la creación desde su albor primero. El dinamismo que fluye del amor no destruye ni a la persona que lo da, o que lo activa, ni a la que lo recibe. Teresa vive íntimamente este sentimiento de ser amada, de modo que el mundo externo queda escondido en su conciencia: "La tierra se me aparecía como un lugar de destierro y soñaba con el cielo. *(Historia de un alma*, p. 120)

Siempre hay un resquicio de inseguridad que nos hace actuar en contra de nuestro buen juicio, a veces, con una pasión que no entendemos. Esta vehemencia que nos impide razonar nos lleva más allá de nosotros mismo y el tiempo se desvanece entre nuestros dedos con su ambivalencia.

Teresa entiende el amor a Jesús como una pasión activa y contemplativa. Porque mirándose en lo más íntimo siente un fuego que la crece hasta hacerla consciente y despierta para comprender muchas mas cosas de las que cualquiera sin esta actitud contemplativa podría entender. Parece que la sabiduría de esa naturaleza a la que ama la prepara. La naturaleza enseña a los bosques. Los árboles a los que adora contemplar preparan sus cuerpos en cada estación. Ella escucha y siente en su interior el roce del viento en las ramas de los árboles, el parpadeo lento de las hojas y descubre esas raíces eternas. Contempla la creación y se contempla a sí misma con el fuego prendido en su talle y, es este amor con pasos largos los que preparan y despiertan su conciencia.

---

34 FROMM, E, *o.c.,* pág. 27.

Cuando meditamos, el eco de los bosques se concentra en nuestra alma, a veces tocamos el cielo desde sus elevadas ramas, las mismas raíces bailan una danza que mana desbocada; y nuestra libertad es más interior cuanto más se profundiza[35].

En la oquedad del bosque

los pájaros componen melodías
que interpretan los seres luminosos,
alargando corcheas, con sonidos
de madera reverdecida.
No hay palabras que expresen
la arborescencia que el bardaje
descubre tras la fronda.
La música refulge descubriendo
la belleza que amanece,
sol llameante, viento o espíritu
que en cuatro direcciones equilibra
la holladura que dejo en el camino.
Descalza con el pelo suelto piso
la hojarasca del monte blanco,
el camino sin límites
que me separa de las hojas.
Toda yo, vaina, grito.
Bendigo lo creado.

Gloria Lima

---

35   FROMM, E, *o.c.,* pág. 31.

Teresa escogió la actitud más creativa: la autoconciencia, el mundo interior, donde convive con la ternura, la misericordia, y, por eso, en todo momento era dueña de sus actos. Desde su vuelo recupera lo que entendía como auténtica libertad; desde luego, no puede ser nunca un afecto pasivo, es más bien un "estar continuado", no un "súbito arranque". Teresa se perdió en el corazón del amado[36]. Esta es la dulzura que experimenta nuestra santa cuando ama con esa intensidad de fuego. Parece un contrasentido, sin embargo, desde este celo creador somos fuertes, tremendamente fuertes, aunque nos sentimos débiles, más bien, nos hacemos pequeños. "Hazte capacidad y yo me haré torrente". La actitud contemplativa en nosotros, cuando es efecto de una actitud creadora, nos capacita para que nos invada como un clamor el amor Trinitario. Este es un lenguaje tradicional de san Pablo. Teresa se refiere a la segunda carta a los Corintios (12,7 a 10), donde la fuerza que constituye la misión es la misericordia; entonces "Cristo se convierte en signo legible de Dios que es amor".

Teresa encuentra en su interior tal riqueza de sentimientos que su actitud, se ilumina: su entrega a los otros no representa un salir de sí misma, sino un encuentro con su yo más profundo. Nosotros, al contrario que Teresa, hacemos de nuestra entrega una virtud, en el sentido de un sacrificio de caridad, entonces este regalo nos duele y lo aceptamos como una renuncia; ponemos normas para regular los grados de nuestro abandono.

Lo primero que debemos hacer cuando nos enamoramos es respirar, dejar que entre, en cada inspiración, el amor como un soplo que luego devolvemos en la expira-

---

36 FROMM, E, *o.c.*, pág. 31.

ción, de manera que, al exhalar permanezca la fuerza de ese primer aliento perpetuando el fuego que encendió nuestro amor. Vivir con un grado tan intenso nuestro amor nos pone a salvo del infierno. No consumimos la vida a pesar que nos impulse a salir de la llama. El amor manifestándolo con esa fuerza de entrega sin recovecos no solo nos desborda de dicha, sino que logra que descubramos nuestra imagen en el firmamento. Esta experiencia pródiga nos hace entender porque dar nos produce más dicha que recibir. Entendemos con claridad, que, en el acto de dar, de darnos, nuestra desnudez es perfecta. Y en esta infinitud de caricias con la que nos extasiamos en el amado estamos abrazándonos con el alba y el Espíritu. Los dedos de todos los hombres de la tierra se alargan hasta tocar a Dios que incendia nuestros despojos: "... entonces la tierra me parecía aún más triste y comprendía que solamente en el cielo el gozo sería sin nubes (*Historia de un alma*, p. 120).

- 3 -

El lado femenino de la ternura

"Vivo sin vivir en mí,
y tan alta vida espero,
que muero por que no muero.
Vida, ¿qué puedo yo darle
a mi Dios que vive en mí,
si no es perderte a ti,
para mejor a El gozarle?
Quiero muriendo alcanzarle,
pues a El solo es el que quiero,
que muero porque no muero"
(Sta. Teresa de Jesús)[37].

Un cuerpo lleno de dulzura

Cuando Teresa se supo mujer sintió como se deslizaba a través de sus pechos la blancura del sol. Enardecida como una desposada, no puso travas a Jesús le dejó y pudo des-

---

37   VV. AA., *Los 25.000 versos mejores de la Lengua Castellana,* Barcelona, 1983, pág. 84.

cubrir en su humanidad una fuerza que la impulsaba para darse desde dentro, sin recovecos y purísima como un lirio, se entregó consumida en el amor.

Hoy vivimos la experiencia del amor confusos, tenemos la sensación que nos vaciamos de nosotros mismos cuando nos damos e incluso nos sentimos solos, tenemos tanta información que no dejamos que sea nuestro cuerpo el que hable, el que sienta. Es posible que nos sintamos solos, como si nos privaran de nuestro nombre y no pudiéramos andar, y hasta nuestra sombra se retira cansada de perseguirnos. Nos rebelamos contra las normas establecidas y con una tristeza quieta nos miramos en otros espejos. Esta es suficiente señal para que nos inquietemos. Teresa se siente esposa y madre por el hecho de sentirse mujer. Esta personalidad inocente le ayuda a alcanzar una libertad donde las barreras; se borran y su misión totalmente esclarecida la acerca al corazón de los desterrados[38]. Este destino extraordinario de enviada se proyecta por el sueño de todos los párpados[39]. Sólo dando este salto podrá llamar a Dios padre y madre y hablará de la ternura de Dios. El Espíritu se nos muestra a través de la ternura sin rostro de Dios. Temblando en este ardor espiritual nos descubrimos indirectamente en esta diferencia relacional, relación que nos sitúa al borde de nuestra inteligencia ontológica, nos desborda gozosa y lloramos derramando todas las plegarias. No podemos decir que estamos asistiendo a un encuentro

---

38 GEVAERT, J., *El problema del hombre*, Salamanca, 1983, pág. 241.

39 FROMM, E, *o.c.,* pág. 41. Asume la sexualidad desde la superación del padre y la madre, esto es, supera la diferencia hombre/mujer para, desde ahí, poder aceptar la estructuración bisexual de la personalidad en la integración del padre y la madre.

teológico en el sentido estricto del término, sin embargo, la vida entera es obra del Espíritu Santo. El agua busca siempre la tierra, a ella vuelve y por ella es atraída, la despierta, la encubre, la hace lugar donde brotan los sentimientos. Se derrama y sale de sí misma, ensimismada, es espejo, reproduce una figura que tiene este movimiento circular y muestra la inexistencia de lo recto en toda la creación.

Crecemos creando círculos sobre el agua, vamos dando pasos desde este descubrimiento interno. ¿Qué le podemos dar a otra persona? Nos damos nosotros. Le damos nuestra vida como en una celebración, levantamos un altar y escribimos nuestro nombre con mayúscula. Cuando damos con este sentido de gratuidad estamos consiguiendo que la otra persona también se autodone; este hecho es creativo y expresa la manera de compartir generosamente la vida. Algo nace de pronto, todo es cielo, y nos sentimos agradecidos por esta nueva experiencia. Por eso hablamos del amor como productor de amor[40].

Teresa de Ávila acentúa dos puntos importantes en su séptima morada: que la oración fructifica en obras; y que éstas muestran la verdad de aquellas. La verdadera unión con Dios se realiza a través del amor-servicio al prójimo. Amor siempre saca amor. No quedarse en el amor a Dios. Llegar a Dios quizá no resulta tan difícil, lo complicado es llegar a él, y como bien nos dice Santa Teresa, no quedarse en esos vuelos, sino emplearse a fondo en el hermano que tenemos al lado, ese que a veces nos mira mal, el que no es amable y tantas veces nos saca de quicio. Ese Dios que está desangelado en el otro es con el que se queda Teresa. Ese es el significado del verdadero amor, el que entrega la vida

---

40   FROMM, E, *o.c.,* pág. 34.

por el más pequeño. Y ahí si que es percibido el Espíritu. No tendría sentido de otra manera, no podría hablarse de amor si el amor sale de uno mismo para encerrarse en Dios, porque Dios pasa siempre por el otro y, sobre todo, por el rostro del más pequeño e insignificante; y esta es la realidad que Santa Teresa nos transmite en las moradas[41].

Oracion

Nada te turbe;
nada te espante;
todo se pasa;
Dios no se muda;
la paciencia
todo lo alcanza.
Quien a Dios tiene,
nada le falta.
Sólo Dios basta.

Santa Teresa de Jesús

Teresa de Lisieux hace de su vida una vocación de amor. Llega a tal intensidad en su enamoramiento del Creador que quiere añadir a su amor el de "todos" los otros santos. El resultado será un absoluto comunismo de todos los bienes[42]. Realiza su feminidad en esta entrega a Dios; en una expresión apasionante donde ya no hay padre ni madre, sino que sólo hay Espíritu. Una vez más vemos que el problema de ser hombre o mujer es relativo y que en el reino

---

41   SANTA TERESA DE JESÚS, Tomo II, Madrid, 1851, pág.120.
42   BALTHASAR, H. U., *o.c.*, pág. 368.

de los cielos nada tiene que ver con el rasero general de nuestros sueños. Pablo lo puso de manifiesto: ya no habrá judío ni gentil, hombre ni mujer.

Ternura es vivir en estado de enamoramiento

Estás tan encerrado en mí que lo sabes todo, todo sobre mi igual que yo sé todo sobre ti. Eres el don primero y la luz que me recrea cegándome, tiembla en ese instante primigenio y creador en el que aceptas mi mirada.

Amar a alguien no es sólo un sentimiento, es una decisión, una promesa que se prende al fuego en que vivimos. Si el amor no fuera más que un sentimiento no existirían bases para la promesa de amarse eternamente. Los sentimientos se queman y se fecundan hasta morir carbonizados en su propia llama. Y muere la promesa estremecida en una cruz. ¿Cómo puedo yo juzgar que mi amor durará eternamente si este acto no se vive desde la unidad con el amante? La voluntad de Dios tiene una dimensión supratemporal que coincide con su misión. El amor que llena de nombres la mirada es un acto de la voluntad y, por tanto, un cometido. En este componente místico que se realiza a través de nuestro ser más interno materializamos nuestra capacidad de amar. Y este hecho trascendente requiere también una identidad madura, que englobe, nuestra aceptación[43] Concebir a una Persona divina como madre y padre conmina a que abandonemos la herencia que, desde Aristóteles, le hemos atribuido a Dios y que le atribuyamos la cualidad de la maternidad. Ahora este Dios que también entendemos como madre lo relacionamos con el amor a los más necesitados, y por ello entendemos que tiene la misma categoría ontológica que la paternidad[44].

Unidad corporal; unidad reclinada en la ternura, en la raíz última. Existe un espacio blanco, como de cal, que no nos pertenece; de alguna manera ese espacio es, precisamente, nuestra propia humanidad, somos uno y, sin embargo, tenemos un margen desde el que recreamos nuestras manos y no sabemos cuál es la que da el fruto. Somos de

---

43   En la tradición cristiana se asocia la tradición de la manzana con el impulso amoroso y la lujuria. En sus Meditaciones sobre los Cantares había glosado Santa Teresa con anterioridad el texto del Cantar, 2, 3 y ss. "Senteme a la sombra del que deseaba y su fruto es dulce para mi garganta". Recordemos que, poco antes, la esposa acaba de identificarlo con un manzano. INDURAIN, D., *San Juan de la Cruz*, Madrid, 1987, pág. 138.

44   CASTILLA CORTAZAR, B., *o.c., pág. 36.*

y para Dios, pero tenemos que descubrir, en qué lugar nos duele ese beso de geranios e inventa nuestros huesos.

El conocimiento de Dios[45] como una revelación recorre nuestro cuerpo desde el Bautismo, aunque, a menudo, contradice nuestros pasos, pero sale siempre al encuentro con una tesis simple: existe una unidad entre Dios y el hombre. El mensaje de Pablo en el Areópago, lo expresa con una precisión admirable: "Atenienses, veo que vosotros sois, por todos los conceptos, lo más respetuosos con la divinidad. Pues al pasar y contemplar vuestros monumentos sagrados, he encontrado también un altar en el que estaba grabada esta inscripción: "Al Dios desconocido". "Pues bien lo que adoráis sin conocer, eso os vengo yo a anunciar" (Hch. 17, 23). Si hubiera hablado a los budistas, su mensaje lo habrían entendido perfectamente porque les habría explicado que la unidad entre Atman y Brahman[46] es única, dejando claro que él es y permanece siempre como "el Desconocido" y no puede ser destronado a través de ninguna técnica de elevación o de inmersión espiritual.

Ternura e instinto materno de mujer

La maternidad es una reivindicación de todo cuerpo de mujer. La anatomía y la fisiología de la mujer es un grito pidiendo ser fecundada y ser fecunda. Tanto el cerebro como el vientre de la mujer están conformados para desear la maternidad, por eso Teresa siente la vocación de madre

---

45 Diego de Estella, contemporáneo de Santa Teresa de Ávila, dice que del conocimiento de Dios nace el conocimiento de sí; y del conocimiento de sí, el conocimiento de Dios (MARTÍN VELASCO, J, o. c., pág. 131).

46 VON BALTHASAR, H., *o.c.*, pág. 49.

como una llamada desde lo más profundo de su ser femenino. Teresa deriva su instinto maternal hacia los criminales y hacia los misioneros, personas desvalidas que necesitan un amor maternal que los cubra de ternura: "Yo quería darles de beber esa sangre inmaculada que iba a purificar sus manchas, y los labios de «mi primer hijo» fueron a posarse sobre esas santas llagas" ¡Qué respuesta inefablemente dulce! (*Historia de un alma,* p. 205). Teresa se siente madre universal y siente la preocupación natural de todas las madres por sus hijos, sobre todo, por los más débiles y los que están más lejos: "Pensaba en sus queridos hijos espirituales, que son mis hermanos, cuando escribía estas palabras de Jesús y las siguientes: *«No te pido que los saques del mundo... te ruego también por los que, gracias a su palabra, creerán en ti».* ¿Podría acaso, no rezar por las almas que en sus lejanas misiones ellos salvarán por el sufrimiento y la predicación?" (*Historia de un alma,* p. 420).

La paradoja del amor de Teresa es que consagra su virginidad a Dios. Ella quiere ser virgen y quiere ser fecunda al mismo tiempo. Esta contradicción la resuelve de modo magistral en la relación amorosa con Cristo Jesús, su esposo: "Jesús, amarte es pérdida fecunda. Todos mis perfumes son tuyos para siempre". Me daba cuenta de que mis palabras penetraban en su alma y yo estaba transportada de alegría." (*Historia de un alma,* p. 396).

La relación con Cristo teje en torno a su esperanza anillos que giran sin que pierdan su blancura inmaculada, esta es la fuerza que hace que se pregunte siempre por lo que está más allá de ella misma. La revelación de Dios, de ese Dios único, que el corazón de los hombres ha buscado desde el principio de los tiempos, tiene que estar inquieto ante el sacramento de nuestros cuerpos. Pentecostés es el tiempo en que las diversas lenguas se entienden como un sólo lenguaje que abre el corazón ante la fecundidad única de Dios. Teresa lo expresa bellamente: "comprendo y sé por experiencia que el Reino de Dios está dentro de nosotros. Cada día me inspira y me guía lo que debo decir o hacer. Justo en el momento en que las necesito, descubro luces que no había visto todavía". Nuestra Santa, en la fiesta de la Santísima Trinidad, nos dice: recibí la gracia de comprender más que nunca cuánto desea Jesús ser amado.

Teresa no se conforma con descubrirse enamorada, quiere entender de qué va eso y quiere comunicarnos esta experiencia, le da vueltas a las palabras del evangelio hasta que descubre lo que quiere decirle precisamente a ella. En todo momento hace suya la experiencia de las mujeres bíblicas, que supieron dar un rostro profético al pueblo de Dios, y, sobre todo, a la experiencia de las mujeres que compartieron la vida y misión al lado de Jesús, siendo testigos privilegiados de su resurrección.

Constantemente resuena en sus oídos la palabra de Jesús cuando se dirigió a la Samaritana: Dame de beber (Jn. 4,7). Cuanto más le daba de beber, más aumentaba la sed de mi pobre alma... Era un verdadero intercambio de amor. Su primera experiencia sobre Dios-Amor la recibe a través de unas palabras de Ezequiel (14, 8-13) aplicadas a sí misma: "Dios realizó en mí lo que cuenta Ezequiel en sus profecías: pasando a mi lado, Jesús vio que era llegado para mí el tiempo de ser amada. Hizo alianza conmigo y yo me hice suya...". Esta experiencia plenamente cristocéntrica hace, por una parte, que tenga conciencia de unidad: unidad con Cristo y por lo tanto con Dios Padre; y por otra, que sea una auténtica experiencia esponsal. Jesús se dirige a Teresa como Dios y como hombre, ella responde a esta llamada como mujer. Es el esposo y el Amado. Cristo es mi amor, él es toda mi vida. Que hermoso poder ver a Jesús como si fuera su madre y el, al mismo tiempo, su hijo[47]. En su caso esto se explica muy bien por la muerte prematura de su propia madre. Jesús fue para ella el Esposo de corazón maternal y el niño abandonado que necesita protección; ella adoptará el lugar de madre, será el regazo donde pueda reposar Jesús. Una experiencia interior y femenina, de mujer de entrañas maternales:

Teresa, enamorada, desnuda su corazón maternal, encuentra en ese componente de ternura de esposa y madre una fuerza sobrenatural donde se funde el amor, la ternura, la sensibilidad y delicadeza espiritual y esta contemplación sobrenatural es un sentimiento de reciprocidad.

El amor fecundo del cuerpo femenino

"Cuando el Señor ordenó a su pueblo que amara a su prójimo como a sí mismo no había venido todavía a la tierra. Por eso, sabiendo hasta qué punto se ama la propia persona, no podía pedir a sus criaturas un amor mayor para con el prójimo. Pero cuando Jesús dio a sus apóstoles un mandamiento nuevo, su PROPIO MANDAMIENTO, como lo dice más adelante, ya no habla del amor al prójimo como a sí mismo, sino de amarlo como él lo ha amado, como lo amará hasta la consumación de los siglos.

---

47   GRACIA NAVARRO CASANOVES, CM, *La respuesta de Teresa de Lisieux como mujer*. Revista de Espiritualidad, 1998, 226-227, pág. 131.

"¡Ah, Señor!, yo sé que no mandas nada imposible. Conoces mejor que yo mi debilidad, mi imperfección, sabes muy bien que jamás podría amar a mis hermanas como tú las amas, si tú mismo, Jesús mío, no las amaras también en mí. Porque me quieres conceder esta gracia has establecido un mandamiento nuevo. ¡Cuánto lo amo!, pues me da la seguridad de que tu voluntad es amar en mí a todos aquellos a quienes me ordenas amar"[48].

Cuando el amor no es transitivo se inhiben los sentimientos se reclinan dormidos: "originalmente, el amor con una finalidad inhibida tiene un componente sexual que persiste en el inconsciente colectivo"[49]. Teresa asciende hacia Dios y se une en la misma raíz del amor Trino abrazada por los colores del Reino. Para Teresa este afecto espontáneo es un paso obligado para llegar a Jesús[50].

Freud cree que el amor si no es erótico es incompleto porque no tiene como finalidad un tú[51]. Se le escapó que la realidad básica para proyectar este amor está en la totalidad de nuestra humanidad, y esta existencia sólo la podemos elaborar si vemos en el otro un templo de Dios[52].

Teresa llega a esta comprensión del amor fraterno colaborando con el impulso amoroso del creador: "Me esmeraba en amar a Dios, y amándole, comprendí que mi amor no debía traducirse sólo en palabras, pues, no son

---

48   TERESA DE LISIEUX, *o.c.,* pág. 380.
49   FROMM, E, *o.c.,* pág. 43.
50   POVEDA ARIÑO, J. M., *La Psicología de Santa Teresa de Jesús,* Madrid, 1984, pág. 92.
51   FROMM, E, *o.c.,* pág. 91.
52   POVEDA ARIÑO, *o.c.,* pág. 92. Ambos puntos de vista, el de Freud y el de López Ibor son actos de la voluntad necesarios para trascender el núcleo de la persona.

los que me dicen: "Señor, Señor", los que entrarán en el Reino de los cielos, sino los que cumplen la voluntad de mi Padre que está en el cielo". Por eso Jesús nos ha dado un mandamiento nuevo: "Os doy un mandamiento nuevo: amaos los unos a los otros. En esto todos conocerán que sois mis discípulos: en el amor que os tenéis los unos a los otros". En el evangelio, el Señor explica en qué consiste su mandamiento nuevo. Dice en san Mateo: Habéis oído que se dijo: "Amarás a tu prójimo y odiarás a tu enemigo", pero yo os digo: Amad a vuestros enemigos, rogad por los que os persiguen. Por cierto, en el Carmelo no se encuentran enemigos, pero hay simpatías, uno se siente atraído hacia tal hermana mientras que haría un gran rodeo para evitar encontrarse con tal otra, que, sin saberlo, se torna un sujeto de persecución. Pues bien, Jesús me dice que hay que amar a esta hermana, que hay que rezar por ella, aunque su proceder me llevase a pensar que no me quiere: Si amáis a aquéllos que os aman, ¿qué mérito tenéis? Porque hasta los pecadores aman a aquellos que los aman. Y no basta con amar, hay que probarlo".

Dar al borde de uno mismo nos llena de palabras, pero cuando nos ofrecemos como un altar cuajado de flores, experimentamos un gozo tan hondo que sabemos perfectamente que nuestro amado es el centro de nuestra dicha[53]. "Jesús no quiere que yo reclame lo que me pertenece, de-

---

53   TERESA DE LISIEUX, *o.c.*, pág. 376. Y todavía, cuando lo piden amablemente, no cuesta dar, pero si por desgracia no usan palabras bastante amables, el alma, si no está afirmada en la caridad, se rebela inmediatamente. Halla mil razones para negarse a lo que se le pide, y sólo después de haber demostrado a la demandante su falta de delicadeza, al fin le da, por gracias, lo que había pedido.

bería parecerme fácil y natural puesto que nada es mío. He renunciado a los bienes de la tierra por el voto de pobreza. No tengo, por lo tanto, derecho de quejarme si se me quita una cosa que no me pertenece. Por el contrario, debo regocijarme cuando llego a experimentar la pobreza"[54].

Cuando hacemos un regalo nos desgastamos la boca pronunciando nuestra alegría, nos sentimos felices porque nuestro amigo ha sido el centro de nuestro corazón. Comenta Teresa, ¿no hacen también esto los pecadores?, ¿es entonces caridad? "Aún me pedía Jesús un paso más en mi amor a los demás, desprendimiento de espíritu. No existe alegría comparable a la que siente el verdadero pobre de espíritu. Al que quiere hacerte un juicio para quitarte la túnica, déjale también el manto"[55]. Dejar el manto me parece que es renunciar a los últimos derechos, es como considerarse la servidora, la esclava de los demás.

"El 8 de septiembre me sentí inundada de paz y por eso aproveché para pedir por todas las almas del purgatorio y convertir a los pecadores…, -le dice a la Madre María de Gonzaga que entregándose a Dios se entrega más a quererla a ella y a sus hermanas-. Soy feliz de combatir en familia por la gloria del Rey de los Cielos. En otra ocasión dice: "este año Dios me ha hecho la gracia de hacerme comprender qué es la caridad. Antes lo comprendía, es verdad, pero de manera imperfecta. No había ahondado en estas palabras de Jesús. El segundo mandamiento es SEMEJANTE al primero, amarás a tu prójimo como a ti mismo. Jesús en la última cena le dice con indescriptible ternura: amaos los unos a los otros. Así como yo os he amado, amaos también

---

54   TERESA DE LISIEUX, *o.c.*, pág. 377.
55   TERESA DE LISIEUX, *o.c.*, pág. 238.

vosotros los unos a los otros. En esto todos conocerán que sois mis discípulos: en el amor que os tenéis los unos a los otros.

También Jesús dijo que no hay amor más grande que el que da la vida por los amigos.

Al meditar en estas palabras de Jesús he comprendido qué imperfecto era mi amor por mis hermanas, vi que no las amaba como Dios las ama"[56].

"Ahora comprendo que la caridad perfecta consiste en soportar los defectos de los otros, en no asombrarse por sus flaquezas, en edificarse con los más pequeños actos de virtud que se les vea practicar, pero, sobre todo, he comprendido que la caridad no debe permanecer encerrada en el fondo del corazón. No se enciende una lámpara para meterla debajo de un cajón, sino que se la pone sobre el candelero para que ilumine a TODOS los que están en la casa. Me parece que esta lámpara representa la caridad que debe iluminar, alegrar, no solamente a los que me son más queridos, sino a TODOS los que están en la casa, sin exceptuar a nadie.

Pero hasta aquí, sólo estoy hablando de lo exterior. Ahora querría contarle cómo comprendo la caridad espiritual.

Estoy segura de que no voy a tardar en mezclar una y otra. Pero lo voy a intentar. Es verdad que es menos molesto pedir un servicio a una hermana siempre dispuesta a complacer. Sin embargo, Jesús ha dicho, no le vuelvas la espalda al que quiere pedirte algo prestado"[57].

Dime, dime, Señor, qué es este gozo mío cuando te descubro enredado en mi pelo, eres como el primer don que

---

56 TERESA DE LISIEUX, *o.c.*, pág. 368.
57 TERESA DE LISIEUX, *o.c.*, pág. 380.

crece la hierba y estremece los impulsos[58]. Se vive el amor más que se siente, como el torrente de agua que se doblega ante el abrazo del mar. Amor y amor a sí mismo se excluyen mutuamente en el sentido de que cuanto mayor es uno, menor es el otro. Entonces decimos que el amor a sí mismo es malo y que la generosidad es virtuosa, en este punto surgen los siguientes problemas: ¿la observación psicológica alimenta esta tesis de que existe una contradicción básica entre el amor a sí mismo y el amor a los demás? ¿Es, entonces, el amor a sí mismo un fenómeno similar al egoísmo, o son opuestos?

Teresa nos cuenta una experiencia que le sirvió para resolver este problema. "Desde ese día que me ofrecí al Señor, me parece que el amor me penetra y me rodea, a cada instante ese amor misericordioso me renueva, purifica mi alma y no deja en ella el menor rastro de pecado, de modo que no puedo tener miedo al purgatorio".

Cuando nos miramos desde la cumbre, desde lo más alto, observamos que hemos crecido desproporcionadamente, generalmente nos sentimos tan a gusto que nos vemos superiores al resto; si lográsemos ver a Dios con esta fascinación, que vuela por encima de cualquier consideración, tal vez seríamos menos egoístas, porque nuestra mirada conseguiría transformarnos. Teresa se mira con ojos introspectivos, reflexiona y descubre que es digna de la ternura de Dios. El afecto desde esa aptitud convence, nos transfigura, nos hace dar un nuevo paso en el camino

---

58 Dice Fromm, si aplicamos el concepto del amor a diversos objetos y vemos que no despierta objeciones, es sin duda, porque amar a los demás siempre se ha entendido como una virtud y amarse a sí mismo como un pecado, o cuando menos, como un defecto (FROMM, E., *o.c.,* pág. 315).

de la santidad; más que paso podríamos hablar de un salto de grado porque nos descubre en la mirada del Señor limpia, sin pecado. "Dios en su misericordia me preservó del pecado mortal". Deja la culpa en el umbral de su vida y avanza libre de ataduras. "Imito la conducta de Magdalena. Su asombrosa audacia cautiva el corazón de Jesús y seduce el mío". Este hecho que nos descubre Teresa podría resultar escandaloso, pero no podemos dudar del Corazón de ese Dios que se hizo hombre sólo por amor.

Para Teresa de Ávila, la adoración a Dios es la verdad total: una verdad que sólo puede ser entendida como visión intelectual. Su saber está unido a la experiencia de que por nosotros mismos somos incapaces de llegar a esta devoción[59]. Esta visión que supone la felicidad completa o perfecta solo puede barruntarse o alcanzarse, acaso momentáneamente, desde la existencia terrena, y sólo es Dios quien puede comunicárnosla a través del Espíritu. La santa de Ávila nos ha dejado en su testamento escrito este sentimiento metafísico.

Amar sin esperar nada a cambio

Nos sacude un temblor fino y sosegado cuando descubrimos que nos hemos enamorado, de alguna manera, tropezamos con la intuición que nos habita como una estrella sin rostro. No sabemos exactamente cuál es su misión, pero su resplandor fecunda nuestro vientre[60]. Florece como si tu-

---

59   POVEDA ARIÑO, J. M., *o.c.,* pág. 229.

60   La Biblia nos dice que todas las ideas que podemos tener acerca de la esencia del hombre están incluidas en el mandato: "Ama a tu prójimo como a ti mismo" en esta sentencia se da por supuesto que todo lo que supera nuestras contradicciones,

viera ojos, consigue despertarnos e inventa otro cielo, una tierra también nueva y nos invita a que abramos las ventanas estrenando un grito jubiloso que despunte con el alba. Esta nueva claridad es responsable, ve con ojos propios y se puede proyectar hacia más allá de nosotros mismos, se autodona. Este efecto se produce siempre cuando amamos porque le procuramos todo el bien posible al amado, más incluso del que nosotros mismos podemos imaginar.

Amarnos a nosotros mismos tendría que producir unos bienes, tan excelentes[61]que, si pudiéramos hacer una síntesis, diríamos: hemos alcanzado la "felicidad", siguiendo este razonamiento, el amor a uno mismo y el amor a los demás tiene que ser conjuntivo[62].

Exclama Teresa, "al meditar en estas palabras de Jesús: he comprendido qué imperfecto era mi amor por mis hermanas, vi que no las amaba como Dios las ama. Ahora comprendo que la caridad perfecta consiste en soportar los defectos de los otros, en no asombrarse por sus flaquezas, en edificarse con los más pequeños actos de virtud que se

---

ese llegar a la unicidad, es amor a nosotros mismos y que no podemos separar este amor de la comprensión que tengamos hacia los otros. Desde este punto de vista, está el amor a nosotros inseparablemente unido al de cualquier otro ser, y no pueden ser alternativos (FROMM, E., *o.c.,* pág. 64).

61 Meister Eckhart ha sintetizado magníficamente estas ideas: "Si te amas a ti mismo, amas a todos los demás como a ti mismo. Mientras ames a otra persona menos que a ti mismo, no lograrás realmente amarte, pero si amas a todos por igual, incluyéndote a ti, los amarás como una sola persona y esa persona es a la vez Dios y hombre. Así pues, una persona es grande y virtuosa cuando amándose a sí misma, ama igualmente a todos los demás" (FROMM, E., *o.c.,* pág. 64).

62 FROMM, E, *o.c.,* pág. 64.

les vea practicar, pero, sobre todo, he comprendido que la caridad no debe permanecer encerrada en el fondo del corazón. La caridad me dio la clave de mi vocación. Entonces, en los transportes de mi alegría delirante, exclamé: "Oh! Jesús, Amor mío... Por fin he hallado mi vocación: ¡MI VOCACIÓN ES EL AMOR!

Teresa habla desde el corazón, su teología se fundamenta en Dios y se hace acción de Dios. Él la guía directamente, revelándole sus secretos a través de la Escritura. Su diálogo con Jesucristo se mantiene vivo a lo largo de su vida, pero su relación es, en primer lugar, obediente. Su amor se dona graciosamente iluminado por la caridad que se manifiesta en una respuesta de confianza total y de absoluto abandono. La doctrina de nuestra Santa nace de la vida y lleva a la perfección de la caridad en la vida cotidiana, en convivencia día a día.

"Hay en la comunidad una hermana que tiene el don de desagradarme en todo: sus modales, sus palabras, su carácter me parecían muy desagradables. Sin embargo, se trata de una santa religiosa que ha de ser muy agradable a Dios. Por eso, no queriendo ceder a la antipatía natural que sentía, me dije que la caridad no ha de consistir en los sentimientos sino en las obras y lo que hubiera hecho por la persona más amada. Cada vez que me la encontraba, rezaba al Señor por ella, ofreciéndole todas sus virtudes y sus méritos. Sentía que esto agradaba a Jesús, porque no hay artista a quien no le guste ser alabado por sus obras, y Jesús, el Artista de las almas, es feliz cuando uno no se detiene en lo exterior, sino que, penetrando hasta el santuario íntimo que él se eligió para morada, se admira en su belleza.

No me contentaba con rezar por la hermana que era para mí motivo de tantas luchas, sino que trataba de hacerle todos los favores posibles, y cuando tenía la tentación de responderle de manera desagradable, lo hacía con la más amable de las sonrisas y trataba de cambiar la conversación, pues en la Imitación se dice: "Es mejor que cada cual siga su parecer, que meterse en porfiadas discusiones". Como ella ignoraba totalmente mis sentimientos, jamás sospechó los motivos de mi proceder y sigue convencida de que su carácter me resultaba agradable. Cierto día, en el recreo, me dijo toda contenta más o menos estas palabras ¿Podría decirme Sor Teresa del Niño Jesús qué es lo que tanto le atrae en mí? Cada vez que me mira la veo sonreír. !Ah! lo que me atraía era Jesús escondido en el fondo de su alma... Jesús que hace dulce lo más amargo... Le respondí que sonreía porque estaba contenta de verla (se sobreentiende que no agregué que era desde el punto de vista espiritual)". No cabe la menor duda de que Teresa es teóloga de la amistad. "Que dulce será la vida de familia que gozaremos durante toda la eternidad. El Dios cercano, familia, es al mismo tiempo el Dios inabarcable, no tenemos otra cosa que hacer sino entregar nuestra alma, abandonándosela a nuestro gran Dios. Que grande tiene que se un alma para contener a un Dios."[63]

Fe en la humanidad a pesar de todo

El fruto maduro de nuestro pensamiento es la iluminación. Se produce en nuestro interior, pero se traduce en actos, en hechos comprobables de nuestra conducta: los cristianos le llamamos fe, y es la capacidad que llegamos a tener entre lo que vemos, lo objetivo, y lo que sentimos o presentimos, lo subjetivo.

---

63   POVEDA ARIÑO, *o.c.,* pág. 373

Fe en nosotros y en los que nos rodean; cuando creemos que algo va a suceder prometemos, nos entregamos con decisión, porque sabemos que lo podemos conseguir. La fe necesita siempre decisión y compromiso para alcanzarla.

Hay un rincón donde los ojos enmudecen ante nuestros fantasmas, se pierde la mirada y las lágrimas se ocultan sin dejar de estar ahí, de estar presentes, sólo tenemos delante los surcos; esta facultad hace subjetivo el objeto de nuestro llanto[64].

La fe tiene que ver en cómo desarrollamos nuestra humildad y en cómo elaboramos los elementos subjetivos y objetivos de nuestras creencias. Alcanzar un nivel de objetividad, que implique nuestra forma de razonar, requiere que alcancemos un grado bastante elevado en nuestra capacidad para el compromiso.

Cuando nuestro pensamiento se pierde en esta entrega, se da desconocido, humillado, desciende toda la escala de la mansedumbre hasta la blancura en que su cuerpo se deshace desnudo, olvidado en el llanto[65]. Este es el requisito que hace que recojamos los frutos maduros del árbol de

---

64 FROMM, E, *o.c.,* pág. 18. La facultad de pensar objetivamente es la razón; la actitud emocional que corresponde a la razón es la humildad. Ser objetivo, utilizar la propia razón, sólo es posible si se ha alcanzado una actitud de humildad, si se ha emergido de los sueños de omnisciencia y omnipotencia de la infancia.

65 FROMM, E, *o.c.,* pág. 117. La adquisición de la capacidad de ser objetivo y de la razón; representa la mitad del camino hacia el dominio del arte de amar, pero debe abarcar a todos los que están en contacto conmigo. Si alguien quisiera reservar su objetividad para la persona amada, y cree que no necesita de ella en su relación con el resto del mundo, pronto descubriría que fracasa en ambos sentidos.

nuestra vida, la fe racional, pensada, vivida[66]. La fe entendida de este modo penetra la personalidad de Teresa, y no su creencia específica; hace también que se familiarice desde esta actitud hasta que se pierde en la certeza que cree. Pero, para este dejarnos, necesitamos creer en alguien más fuerte que nosotros mismos. Esta fe nos capacita para prometer. Dice Nietzsche, que el hombre se define por su capacidad de prometer[67]. La fe para los católicos es una condición de nuestra existencia, también fundamenta nuestra incorporación a la Iglesia. Lo que importa, en relación con el amor, es la fe en el propio amor; en la capacidad que se tiene de producir amor en los demás, y en la confianza que nos aporta[68]. Por eso, Teresa comprende mejor, desde este amor maduro, cómo actúa Dios. A Dios se le acepta. Él se nos ofrece[69]. No le impedimos que nos cubra con su amor, dejamos que nos envuelva y aceptamos nuestras flaquezas. Somos una síntesis de dentro y fuera, de temporal y eterno; somos el resumen de un gran número de elementos dispares. Cuando aceptamos nuestra debilidad y agitamos todos los elementos que bullen en nuestro interior, como si estuviésemos haciendo un coctel, se integran dentro de nuestro ser nuestras incongruencias y es entonces que estamos dis-

---

66   TERESA DE LISIEUX, *o.c.*, pág. 212.

67   FROMM, E, *o.c.*, pág. 117-118. Para empezar a comprender el problema de la fe es necesario diferenciar la fe racional de la irracional. Al hablar de irracionalidad de fe me refiero a la creencia que se basa en la sumisión a una autoridad irracional. Por el contrario, la fe racional es una convicción arraigada en la propia experiencia mental o afectiva, no es una creencia, es una cualidad, una certeza. La fe es un rasgo caracteriológico que penetra toda la personalidad, y no una creencia específica.

68   FROMM, E, *o.c.*, págs. 119-120.

69   TERESA DE LISIEUX, *o.c.*, pág. 57.

puestos y preparados para decir sí. El Espíritu Santo nunca obra sin la colaboración de nuestra libertad. Al aceptarme como soy el Espíritu Santo me hace mejor.

El Evangelio nos invita a la conversión: "Sed perfectos como vuestro Padre celestial, es perfecto." (Mt. 5,48)

Dice Teresa: "Creo simplemente que es Jesús mismo quien, escondido en el fondo de mi pobre corazón, me hace la gracia de actuar en mí y me hace pensar todo lo que quiere que haga en cada momento."[70]. Dios es el único poder que puede fundamentar todos estos movimientos misteriosos, de inacabable eternidad, para que no se rompa el credo en nuestra risa.

Teresa exprime la llama que la nace, o más bien, la viste con palabras sencillas, que la vean todos, que la descubran, para que puedan hacerla suya. Somos un cuadro, un espejo que camina; en él entran los hombres, pero siguen estando lejos; Teresa quiere que den un paso adelante, que entren y vean; trata de que descubramos su interior para que participemos de esta revelación. Su reflexión, hecha en voz alta, no procede de doctrinas aprendidas, sino que, desde su razonamiento, está tratando de que entendamos sus experiencias. Es evidente que nuestras creencias tienen una mezcla entre lo que hemos aprendido y lo que queremos vivir. Le dice Teresa a Sor María del Sagrado Corazón: "es para mí una alegría disponerme a conversar con usted que es dos veces mi Hermana, con usted que me prestó su voz, prometiendo en mi nombre, cuando todavía yo no podía hablar, que yo quería servir sólo a Jesús.

---

70   TERESA DE LISIEUX, *o.c.*, pág. 292.

Voy a tratar de balbucir algunas palabras, me doy cuenta de que es imposible a la palabra humana expresar lo que el corazón apenas puede presentir…"[71]

Tratamos de un lugar donde nos enfrentamos interiormente con el más profundo misterio. Cuando lo logramos, comprendemos turbados que hemos tocado, de alguna manera, un misterio mayor de lo que somos capaces de entender con nuestro razonamiento. A pesar de la distancia entre lo que la gracia le da y lo que es capaz de comprender con su razón, a pesar de ello, se siente satisfecha, como un artista que descubre algo de su propia interioridad en la obra que realiza.

San Juan de la Cruz necesita morir a sí mismo en sus poemas. Su ascesis es renuncia, pero, al mismo tiempo, hay un vuelo de palomas en su alma. Su carne se redime porque se sabía amado y perseguía una distancia transfinita donde todo el universo escondido esperaba su comunión. La figura de Jesús se constituye en esta presencia lograda con el advenimiento del Espíritu Santo. Este es el sueño de la mística, un instante de fuego y una quietud transparente.

En definitiva, estamos hablando de sinceridad[72], de no indiferencia del tú para el yo, sentimiento desinteresado; sólo en este tipo de entrega trascendente se alza esta idea del bien por el bien mismo, por el hecho de que el otro, el totalmente otro, cuenta, sin necesidad de ningún atributo especial, sólo el de la fe.

También debemos recordar que, a pesar de que nos comuniquemos de una manera tan abierta e intensa, seguimos siendo un grito en medio de la noche. La humildad no es una virtud moral, sino ontológica.

---

71 TERESA DE LISIEUX, *o.c.,* pág. 322.
72 LÉVINAS, E, *De Dios que viene a la Idea*, Madrid, 1995, pág. 39.

Teresa se desdobla como en una esquizofrenia delirante, se olvida de sí misma, en su interior existe una discrepancia como le ocurriera a Marta y a María: una trabaja y la otra va quedando cada vez más en la sombra, pero desde esa oscuridad la luz se hace más resplandeciente.

Acaso no haya habido en toda la historia del cristianismo otro ejemplo tan admirable como la de este desdoblamiento. En todas las grandes misiones que conocemos, en el fondo, hay primariamente un objetivo: una obra, una fundación, la formulación de una doctrina o, también, la exposición de un lado objetivo de la revelación. El yo es cristiano en la exacta medida en que desaparece la persona como objeto de la misión.

"En Teresa, la misión también se llama Teresa"[73], porque está su corazón volcándose desde la fe en la esperanza, en la caridad[74]. Es importante que interpretemos de manera correcta esta idea para que nuestra vida se desenvuelva también de una manera acertada. Toda la vida, cada acción, la debemos dedicar al conocimiento de Dios.

Hemos explicado en el punto segundo que el amor a Dios es el lugar más cercano a nuestro corazón. Este amor lo sabe todo, los experimenta todo, lo comprende todo, porque es la caridad más perfecta, se edifica sobre los más

---

73 BALTHASAR, H. V., *o.c.,* pág. 56.

74 FROMM, E, *o.c.,* pág. 82. Para que entendamos la diferencia que existe entre la lógica aristotélica y la paradójica necesitamos entender como este diálogo dialógico nos examina desde nuestro propio discernimiento en el amor a Dios. Los maestros de la lógica paradójica afirmaban que el hombre podía percibir la realidad sólo en contradicciones, y que su pensamiento era incapaz de captar la realidad-unidad esencial, lo Uno mismo. Pero las consecuencias que traía este hecho es que el mundo del pensamiento permanecía envuelto en la paradoja.

pequeños actos de virtud. Teresa experimenta la ternura de Dios y se enciende como la lámpara que colocamos en el candelero para que alumbre la casa (Lc. 11, 33), se rinde ante esta visión creadora de Dios haciéndose fe viva que necesita ser comunicada sin demora[75].

Uno solo es la luz. Los otros pueden estar dentro de la luz del "uno solo" y dar testimonio de la luz. Es cierto que esta luz tiene tal claridad que nos hace ver con ojos verdaderos lo que se nos presenta. Dice el Génesis: "Y vio Dios que era bueno". Para Dios ver no es solamente constatar, sino dotar de realidad. ¿Cuál es la diferencia para Teresa entre esta luz que es tan real y esa humildad con la que desea vivir? Hay una diferencia entre esta verdad y la humildad con la que se desenvuelve con las hermanas, sin embargo, entre ambos significados hay una diferencia, la verdad puede verse y la humildad no. Así llegamos a una sorprendente afirmación: "Me parece que la humildad es la verdad. Yo no sé si soy humilde; lo que sí sé es que veo en todo, la verdad"[76].

Crecía en Teresa el asombro de Dios como un misterio preciosísimo, Teresa recogía de todas las cosas el regalo que Jesús depositaba en su alma. Certero su dedo, corregía la estatura de la niña y su pelo perfumado por todas las flores del campo se enredaba en la risa de este amor inmaculado[77].

---

75 FROMM, E, *o.c.,* pág. 82.

76 TERESA DE LISIEUX, *o.c.,* pág. 266.

77 FROMM, E, *o.c.,* pág. 81-82. Podemos resumir que la lógica paradójica llevó a la tolerancia y a un esfuerzo hacia la autotransformación. La consideración aristotélica condujo al dogma y a la ciencia, a la Iglesia Católica, y al descubrimiento de la energía atómica. El amor es una experiencia mental. En las religiones orientales y en el misticismo, el amor a Dios es una intensa experiencia afectiva.

Este es el testimonio de su propia vida, la fidelidad: "Madre querida, que me habéis permitido ofrecerme así al Buen Dios, vos sabéis los ríos, mejor dicho, los océanos de gracias que han inundado mi alma... Me parece que el amor me penetra y me rodea, me parece que a cada instante este amor Misericordioso me renueva, purifica mi alma y no deja en ella ninguna huella de pecado"[78].

Precisamente las tradiciones religiosas en todo el mundo tienen una continuidad más existencial que doctrinal, como le ocurriera a nuestra Santa que su doctrina era experiencia vivida[79].

---

78 TERESA DE LISIEUX, *o.c.,* pág. 315. Teresa descubre, pues, que su amor no hubiera podido aumentar por la modalidad del arrepentimiento; dicho de otro modo, que su amor podía ser perfecto aun sin arrepentimiento. Porque ambas formas de amor, son amor a la divina misericordia; ambas, la pecadora y la virgen, son víctimas de la misma misericordia. La misericordia, tal como Teresa la entiende ahora, es hasta punto tal un atributo inmanente a Dios, que es igualmente grande y absoluta y adorable, aun en el caso de no ejercerse en la materia del pecado. Ambas, por tanto, la pecadora y la inocente, son igualmente privilegiadas por parte de esta absoluta misericordia de Dios. Esta es la doctrina que al cabo da el Señor a las hermanas de Betania. Marta (que aquí tiene que tomar el papel de Teresa) ha oído la palabra de Jesús de que ama más aquél a quien se le perdona más. Marta se sorprende de ello y hace notar que el Señor la ha preservado de antemano del peligro y que Él tiene, por tanto, más derecho a su amor agradecido. El Señor reconoce que un alma pura es "la obra maestra" de su amor, y que, por tanto, ha de amarle sin medida.

79 PANIKKAR, R., *o.c.*, pág. 104.

Apóstol de Apóstoles: Sentido de misión

"Siento en mí la vocación de SACERDOTE: con cuánto amor te llevaría Jesús en mis manos cuando bajaras del cielo respondiendo a mi voz. Jesús, amor mío, vida mía, ¿cómo aunar estos contrastes?"[80]. Desde esta experiencia le es más fácil observar que solo se reconoce en la misión. Esta misión es tan totalitaria que tiene un punto que nos sorprende porque nos hace sentirnos solos y nos duele, nos dobla, se nos impone sin que intervenga nuestra razón. ¿Cómo desmenuzar esta angustia que nos grita desde distintas posiciones?

Teresa va a tener este problema, pero se alza por encima de las nubes para cantar con San Juan "¡Oh cristalina fuente -si en esos tus semblantes plateados- formases de repente -los ojos deseados- tengo en mis entrañas dibujados!" Se ha dibujado el amor en su corazón, se le desboca, y sale para que todos participen del encuentro. En la promesa existe una presencia que recrea la unidad entre fe y misión. Este es el resumen de su actitud abierta y clarificadora, distingue en todo momento su vocación de religiosa de clausura y su vocación misionera. "A pesar de mi pequeñez, querría iluminar las almas como los Profetas y los Doctores; tengo la vocación de ser Apóstol... querría recorrer la tierra, predicar tu nombre y plantar tu Cruz gloriosa en tierras infieles. Pero, Amado mío, una sola misión no me bastaría: querría anunciar el Evangelio al mismo tiempo en las cinco partes del mundo y hasta las islas más remotas. Querría ser misionera, no sólo durante algunos años, sino haberlo sido desde la creación del mundo y serlo hasta la consumación

---

80   TERESA DE LISIEUX, *o.c.,* pág. 315.

de los siglos. Pero, sobre todo, querría, mi Amado Salvador, derramar mi sangre por ti hasta la última gota"[81].

Cuando somos adultos nuestra relación con Dios deja de ser una relación exterior, en la que nos incorporamos desde unos principios establecidos[82]. Nuestra relación adulta debe parecerse a la de Teresa, abandonada en los brazos de Dios, le ama tanto, que, en cada hombre, por muy lejos que se encuentren, ve a su amado.

Ella es consciente de que Jesús llama a hombres y mujeres a ponerse totalmente a su servicio. Jesús permitió que María de Magdala le siguiera y le sirviera durante su actividad apostólica (Lc 8,1-3). Resucitado se apareció primero a las que habían sido testigos de su muerte y sepultura para hacerlas "evangelistas", testigos de su resurrección ante los apóstoles. En Betania, Jesús descubre a María, preocupada tan sólo de no perder ni una sola palabra del Maestro, y Jesús la presenta a ella, a una mujer, como el ideal del discipulado. Teresa es consciente de todo esto. No solo instruye a los sacerdotes misioneros en su camino espiritual, sino que con una profunda libertad interior ve cómo en ellos se cumplen algunos pasajes bíblicos a los que ella se siente asociada: No podéis vos exclamar: "El Espíritu del Señor reposó sobre mí... me envió a anunciar su palabra, a sanar a los que tiene el corazón herido". "Jesús se ha dignado unirnos con los lazos del apostolado... Os estaré siempre unida por la oración... Mi única arma es el amor y el sufrimiento". "Mi único fin, salvar las almas, sobre todo las almas de los apóstoles".

El amor le grita el anuncio de la Buena Noticia. "Amar a Jesús y hacerlo amar". Este es el compromiso de

---

81 TERESA DE LISIEUX, *o.c.*, pág. 330.
82 FROMM, E, *o.c.*, pág. 47.

Evangelización, la extensión del Reino de Dios. Teresa quiso colaborar con Jesús en la redención del mundo ofreciendo su propia vida, su enfermedad, sus sacrificios, la aceptación del dolor, de la Pasión de Jesús en ella. Misionera desde lo escondido, como la semilla que muere para dar fruto. Como María al pie de la Cruz, comparte con ella el sacerdocio espiritual, aunque no lo expone como una reivindicación para la mujer. "Aun deseando ser sacerdote, yo admiro y envidio la humildad de san Francisco de Asís y me siento con la vocación de imitarlo, rechazando la sublime dignidad del sacerdocio". El ministerio sacerdotal le daría una función especial, pero ella prefiere la pequeñez, el camino de la humildad.

- 4 -

El amor y la muerte

De este compromiso evangelizador sube Teresa a otro más arriesgado, el más bello y audaz a que se remontó en sus meditaciones sobre el tiempo y el espacio: "Yo me pregunto qué es el tiempo. El tiempo es sólo una ilusión, un sueño. Dios nos ve ya en la gloria y goza de nuestra beatitud eterna". ¡Cuánto bien hace a un alma este pensamiento! "Así comprendo por qué no nos regatea el sufrimiento." Y así se ve Teresa misma arrastrada a un progreso que desde todo punto es como un abecedario del amor. Ella, para quien en la primera niñez el velo del tiempo era lo más tenue que cabe imaginar, ahora, según va avanzando, se ve colocada en un tiempo vacío, sin geometría, como un mármol deshabitado que la arrastra en un sin sentido que no termina[83].

---

83 BALTHASAR, H. V., *o.c.,* pág. 224.

Ése era el mensaje

Temor a los marfiles descubiertos
que recogen la luz,
adolescencia abierta,
virtud sobre virtud,
desvaído perfume
y el sol siempre en lo alto
ajeno a nuestra historia,
Mientras el glauco color de primavera
anunciaba el sentir de la esperanza.
El viento perezoso
que deshojaba los años
permitió que floreciese entonces
alrededor de nuestro corazón.

Milagros Salvador

Esta audacia, que quiere trascender el tiempo, parece tener inicio en los Ejercicios de octubre de 1891, cuando el confesor, P. Prou OFM, le asegura que sus faltas no desagradan a Dios. De esa afirmación aprende el abandono filial en los brazos de Dios, con humildad y confianza, para lanzarse a la plenitud del amor. Es el modo de corregir esas mismas faltas, sin disminuir el fervor de la caridad. Su "caminito" es una traducción original de la "Subida del Monte" de San Juan de la Cruz, con las mismas exigencias de entrega total. Entonces, Jesús la cogió de la mano, y la hizo entrar en un subterráneo, donde no hace ni frío ni calor, donde no luce el sol ni lo visita la lluvia ni el viento. En este subterráneo no veo más que una claridad medio velada... Mi Esposo no me dice nada, ni yo tampoco le digo nada a El, sino que lo amo más que a mí misma, y en el fondo de mi corazón me doy cuenta que es verdad, pues soy más suya que mía. Como nuestro viaje es bajo tierra, no veo si avanzamos hacia el término de la montaña; sin embargo, creo que nos acercamos. Mi alma sigue en el subterráneo, pero en él es muy feliz; sí, muy feliz de no tener consolación alguna.

Esta aventura, nueva en la historia de la mística, es revolucionaria; todas las distancias desaparecen, toda la medida la pone en Dios[84].

Cuando experimentamos los conflictos a este nivel tan profundo, en lugar de ser destructivos se hacen armónicos[85]. No hay lugar para la confusión, no podemos equivocarnos, sino que nuestros sentimientos se clarifican y se produce una convulsión de la que resurgimos con mayor conocimiento y con más fuerza[86]. Por eso, Teresa, antes de seguir en la contradicción interior de desear ser todo al mismo tiempo, se coge de la mano de Jesús y se deja guiar. El amor sólo es posible cuando dos personas se comunican

---

84   BALTHASAR, H. V., *o.c.*, pág. 284.

85   FROMM, E, *o.c.*, págs. 101-102. El amor sólo es posible cuando dos personas se comunican entre si desde el centro de sus existencias, por lo tanto, cuando cada una de ellas se experimenta a sí misma desde el centro de su existencia. Sólo en esa "experiencia central" está la realidad humana, sólo allí hay vida, sólo allí está la base del amor. Experimentado de esa forma, el amor es un desafío constante; no un lugar de reposo, sino un moverse, crecer, trabajar juntos; que haya armonía o conflicto, es secundario con respecto a este hecho central de que dos seres se experimentan desde la esencia de su existencia, de que son el uno con el otro al ser uno consigo mismo y no al huir de si mismo.

86   TERESA DE LISIEUX, *o.c.*, pág. 331.

entre sí desde el centro de su existencia[87], cuando hacen de esa "experiencia central" lo más humano[88], a esto precisamente le llamamos armonía[89].

Dios encontrado

DIOS está aquí, sobre esta mesa mía
tan revuelta de sueños y papeles;
en esta vieja azul fotografía
de Grindelwald cuajada de claveles.
Dios está aquí. O allí: sobre la alfombra,
y lo grande es que apenas si me asombra
mirarlo compartir mi madrugada.

Doy la luz y Dios se enciende; toco
la silla y toco a Dios; mi diccionario
se abre de golpe en Dios; si callo un poco
oigo jugar a Dios en el armario.

Abro la puerta y entra Dios -¡si estaba
ya dentro…!-; cierro , y sale, mas se queda;
voy a lavar mi cara y Dios se lava
también y el agua vuélvese de seda.
Dios está aquí: lo palpo en mi bolsillo,
lo siento en mi reloj y, aunque me empeño,

---

87 TERESA DE LISIEUX, *o.c.,* pág. 332.

88 FROMM, E, *o.c.,* pág. 20.

89 FROMM, E, *o.c.,* pág. 102. Sobre la armonía se ha escrito mucho desde Pitágoras hasta los órficos pasando en nuestros días por Leibniz. La armonía es totalidad, algo que abarca al sujeto en cuanto su ser subjetivo y objetivo, y que por su misma estructura forma parte de las fibras del universo.

ni me sorprendo ni me maravillo
de verlo tan enorme y tan pequeño.

Me lo dobla el cristal, me lo devuelve
hecho yo mismo -Dios, perdón- su frío
y no acierto a explicarme por qué envuelve
su cuerpo en este pobre traje mío.

Hoy he encontrado a Dios en esta estancia
alta y antigua en donde vivo. Hacía
por salvar, escribiendo, la distancia
y se me desbordó en lo que escribía.

Y aquí sigue: tan cerca, que me quemo,
que me mojo las manos con su espuma;
tan cerca, que termino, porque temo
estarle haciendo daño con la pluma.

Carlos Murciano

La muerte como el acto supremo del amor

La cruz no se busca, sino que se acepta cuando Dios
la envía, generalmente, a través de nuestras circunstancias
concretas, porque el martirio de amor es la vida donada
gota a gota, viviendo la sorpresa de Dios. Y a la iniciativa de
Dios se deja también el género de muerte y las dificultades
que puedan sobrevenir. Esta actitud martirial es el ardor de
almas que quema la vida haciéndola fecunda: "La caridad
de Cristo me urge" (2Cor 5,14). La vida apostólica se va
consumiendo en la llama de los mismos amores de Cristo:

"Tengo otras ovejas" (Jn. 10,16); "vine a traer fuego" (Lc. 12,49); "venid a mí todos" (Mt. 11,28).

Desde su adolescencia, Teresa pidió la gracia de ser mártir. Así lo dice al narrar su visita al Coliseo de Roma: "Me palpitaba fuertemente el corazón al posar mis labios sobre el polvo purpurado con la sangre de los primeros cristianos. ¡Pedí la gracia de ser también mártir por Jesús, "¡y sentí en el fondo de mi corazón que mi oración era escuchada!"

"Desearía, sobre todo, ¡oh amadísimo Salvador mío!, derramar por ti hasta la última gota de mi sangre. ¡El martirio! He aquí el sueño de mi juventud... Desearía sufrir todos los suplicios infligidos a los mártires... y con Santa Juana de Arco, mi hermana querida, quisiera murmurar en la pira, tu nombre, ¡Oh Jesús!"

En el día de su profesión, todavía con todas sus fuerzas juveniles y sin previsión de la enfermedad futura, llevó sobre su pecho un billete en el que había escrito: "Jesús, que muera mártir por ti, con el martirio del corazón o del cuerpo, o mejor con los dos".

Pero todavía sobresale una característica sobre el martirio, la victimación por amor. Se trata de una cruz final en la que tiene que desprenderse de todo por Cristo, de aceptar la sequedad, de transformar toda la vida en oblación de amor a través de una tremenda enfermedad, la "hemoptisis", una tuberculosis pulmonar cuyo síntoma visible consiste en la pérdida constante de sangre por la boca, incurable en aquella época. Entonces entra en lo que ella llama "la noche de la fe".

"Desde hace mucho tiempo no me pertenezco ya a mí misma, estoy entregada totalmente a Jesús; por lo tanto, Él es libre de hacer conmigo lo que le plazca. Me dio la vocación del destierro completo, me hizo comprender todos los sufrimientos"[90].

Teresa lo ha entendido muy bien y se entrega sin condiciones. El amor maduro obedece al principio: "Me aman porque amo". "Te necesito porque te amo". Existe una estrecha relación entre la capacidad de amar y la evolución del objeto amoroso[91]. De ahí que el amor pleno e incondicional lleve en su núcleo interno y creador: la necesidad de entregarse hasta no existir en el amado. Le grita a su amado: "Tú quieres alimentarme con tu divina sustancia a mí, pobre criaturita, que volvería a la nada si tu mirada divina no me diera la vida a cada instante. Jesús, en el exceso de mi agradecimiento déjame decirte que tu amor llega hasta la locura. ¿Cómo quieres que, ante tal locura, no se lance mi corazón hacia ti? ¿Cómo podría mi confianza tener algún límite? Tengo la esperanza de que un día vendrás y remontándose con él al foco del Amor, lo sumergirás para toda la eternidad en el ardiente abismo de ese Amor al que se ha ofrecido como víctima".[92]

¿POR QUÉ CRECES ALIENTO?

El corazón contrito se detiene,
los ojos lamen entre zarzas,
las manos tienen flecos que aúllan.
Que no late la vida, que la tierra
ha perdido su fruto.

90   TERESA DE LISIEUX, *o.c.,* pág. 69.
91   FROMM, E, *o.c.,* pág. 47.
92   TERESA DE LISIEUX, *o. c.,* pág. 340.

¿Dónde te escondes?,
todo el bosque de pinos se hace cruz,
te yergues desde el brezo
condenando el latido.

Si vuelves la mirada, compadécete,
la eternidad estuvo suspendida
en mis ojos.

Gloria Lima

Teresa y los momentos de angustia

Este sentimiento de desamparo se multiplica cuando nos hacemos conscientes de la realidad de la muerte, porque nos descubre nuestro desgarro más hondo. De ahí surgirá más adelante nuestro miedo a la soledad, miedo que se condensa en nuestra sangre y acrecienta nuestra angustia[93]; por supuesto, que se hace más evidente cuando nos enfrentamos de cerca con el rostro de la muerte, sobre todo cuando se trata de una persona a la que amamos. "Cuando murió mamá, nos dice, cambió mi carácter alegre, yo que era tan viva, tan expansiva, me volví callada y tímida, excesivamente sensible. Bastaba una mirada para que rompiera a llorar; estaba contenta si nadie se ocupaba de mí; no podía soportar la compañía de personas extrañas y sólo en la intimidad del hogar recobraba una cierta alegría."[94].

Para Teresa, la respuesta a tanta incertidumbre dependía de su propia sombra, de esa estatura que la diferencia

---

93   FROMM, E, *o.c.,* pág. 20.
94   TERESA DE LISIEUX, *o.c.,* pág. 117.

de los otros. En el niño, la yoidad se ha desarrollado muy poco[95], aún se siente uno con su madre, no experimenta el sentimiento de separatividad mientras su madre está presente, sin embargo, en la medida que el aliento materno no le roce, sentirá un pavor ciego e irreflexivo, se romperá su niñez, porque está presintiendo la ausencia de la vida genética y, en esta separación proyecta su propia muerte, ese es el miedo: hacernos conscientes de que nuestra respiración se puede detener. Aún la madre no ha roto el cordón palpitante y una alarma ronca suena en nuestro interior. En este sentido cuando somos dependientes estamos totalmente desvalidos y experimentamos lo que se suele llamar "soledad radical". Esta soledad crea, por una parte, un sentimiento de culpa[96], hay quiénes lo llaman pecado estructural. Evidentemente, nos sentimos así porque nos vemos desprotegidos, desvalidos. Teresa siente esta soledad, experimenta este desamparo en medio de cuantos la rodeaban, por eso el mundo carecía de espacio y necesitaba volver al interior de su casa, de su familia más íntima para, de alguna manera, reencontrarse en el seno materno. Hay en su existencia una brecha que la separa del mundo exterior. Su soledad consiste en la intuición clara y distinta de que al lado de los suyos está segura, y no puede desear nada más.

Todo el universo cabe en ese calor tierno que la protege[97]. Sin embargo, la desolación nos acecha, existe otro lugar que se extiende sin posibilidades de descripción, es un enorme vacío al que nos llevan, no tiene ojos, ni sen-

---

95   FROMM, E, *o.c.,* pág. 21.
96   FROMM, E, *o.c.,* pág. 21.
97   FROMM, E, *o.c.,* pág. 22.

sibilidad, algunos lo llamarían "infierno"[98], pero basta con decir que es el lugar más alejado del amor. Este es el presentimiento que llevó a Teresa a anticipar la agonía[99], pero no estará sola y, además, desde este alejamiento no deseará volver al vientre materno, proyectado en su casa, aún va a existir un lugar más caliente, más latente, porque se tratará de una matriz con vida propia en la que palpitará desde el seno de Dios Padre y Madre. Sólo desde ese pálpito puede dar cabida al Amor. Teresa será capaz de conducirse a través de la oscuridad de la noche[100], enfrentándose con ella misma, aún antes de descubrir todas las posibilidades de sus pensamientos.

Es cierto que perdió la percepción de las cosas sensibles, esto nos ocurre con cierta frecuencia y nos da la impresión que confundimos nuestro objetivo y dejamos que la soledad nos devore. Sin embargo, no es la realidad la que se desvanece, somos nosotros los que nos alejamos de lo auténtico, nos sentimos tan lejos del calor que nos protege que hacemos justamente lo contrario de lo que deberíamos: intentamos recuperar nuestro bienestar aumentando con ansia el hambre que nos devora. Pretendemos tapar este vacío interior con bienes materiales. Consumimos cuanto

---

98   Descubre Teresa, en su primer encuentro con el principio del mal, que "Nuestro Señor quiso mostrarme que un alma en gracia no tiene por qué temer de los demonios que son unos cobardes, capaces de huir ante la mirada de una niña" Con la mejor voluntad, se quita todo "miedo del demonio": "¿Habría de tener yo miedo del demonio? Creo que no, puesto que todo lo hago por obediencia". Y con más fuerza aún, en una definitiva separación de su destino y hasta de su caminito de toda relación con el infierno. BALTHASAR, H. U., *o.c.*, pág. 368.

99   BALTHASAR, H. U., *o.c.*, pág. 43.

100 BALTHASAR, H. U., o.c., pág. 357.

cae en nuestras manos, y, sólo cuando la insatisfacción se desata y altera nuestra psique el delirio podría optar por enloquecernos. Teresa iba adentrándose en la espesura donde cesa la brisa y el corazón cansado se estanca. Para nosotros sería la fuente de la culpa, pero ella supera esta soledad que la aprisiona. Si no lo hubiera conseguido, la locura habría sido su meta, pero estaba la vida velando por su redención y, como si el porvenir ya hubiese rasgado su velo, se arrojó en los brazos de Dios, como un día hizo en los brazos de Celina y la eligió por madre[101].

En el túnel de la fe

Cuando la presencia de Dios es transparente, su fulgor nos demora, nos detiene desde ese exceso de iluminación, y nuestros pensamientos, invadidos por esa totalidad divina, se contradicen[102]. Todos los astros giran en torno a este misterio; hay algo, un leve movimiento, una rama, una flor que nos precipita, aunque luego el canto de los pájaros nos eleve y haga posible el reposo. Hay un algo irresistible que nos hace mirar más allá de nuestra capacidad de entendimiento.

La misión de Teresa, por ser prolongación de la vida del Señor, recorre su mismo camino de inmolación, y tiene su punto de llegada a los pies de la cruz. Ella sabe muy bien, como cualquier misionero, los problemas que surgen en este tipo de camino, y está convencida de que no hay

---

101   TERESA DE LISIEUX, *o.c.*, pág. 116.
102   FROMM, E, *o.c.*, pág. 102. Solo podemos percibir la realidad en contradicciones, nuestro pensamiento es incapaz de captar la realidad-unidad esencial, lo Uno mismo. El mundo del pensamiento permanece envuelto en la paradoja.

fecundidad sin cruz, como "no hay redención sin derramamiento de sangre" (Heb. 9, 22).

Entendemos la cruz como sinónimo de dolor, pero esto no es necesariamente así, el amor oblativo conlleva regularmente la tolerancia, la conformidad. "El sufrimiento, unido al amor, es la única cosa que me parece deseable en este valle de lágrimas. Es verdad que su cruz me ha acompañado desde la cuna, pero Jesús me ha hecho amar con pasión esta cruz". "Para Meister Eckhart, el Divino es una negación de las negaciones, y una negativa de las negativas… Todas las criaturas contienen una negación: una niega a la otra[103]. "La única gracia que deseo es dejar que mi vida sea totalmente molida por el amor"[104].

La alegría que va unida al padecimiento no consiste en sufrir por sufrir, sino en el gozo de poder compartir la misma suerte de Jesús, según la perspectiva paulina: "Estoy lleno de consuelo y sobreabundancia de gozo en todas nuestras tribulaciones" (2Cor. 7, 4). Entonces la tristeza y el miedo por el sufrimiento se convierten en "gozo que nadie puede quitar" (Jn. 16, 20-22). En este silencio de Dios halla Teresa su alegría y prolonga su ofrecimiento.

Precisamente la presencia del Señor se realiza a través de ausencias y retiros cada vez más acentuados. Casi podríamos decir que su venida al mundo es sólo un pretexto para su desaparición: "De nuevo dejo el mundo y me voy al Padre" (Jn. 16, 28). Pero este "ir-al-Padre" es el modo a través del que experimentamos su ausencia y su permanencia. Espera en abandono, somos como un náufrago que, a la deriva, logra recuperar el madero en el que se hunde.

---

103 Carta 224, al A. Bellière

104 TERESA DE LISIEUX, *o.c.*, pág. 360.

Nos hundimos dentro de nuestra propia tiniebla, y sólo podemos oír una voz dolorida que aún llama porque no hemos terminado de morir, y lo peor es que no podemos dejar de hundirnos.

No se puede renacer sin morir; por eso necesitamos morir y morimos con todas nuestras inquietudes antes de que se nos agote el tiempo. De nuevo surgimos ascendidos, flotamos, vueltos hacia arriba, en un ascenso que nos alumbra, un impulso de vida que ha sido creado y puesto en nuestro pecho por el mismo Dios. Encontramos entonces la fuerza pura del amor sin obstáculos y sin más caminos que su presencia. Como una estrella fugaz nos abrimos paso en medio de todo sufrimiento, se ilumina nuestro dolor, nuestra oscuridad camina, se deshace en Él. Su consumación domina nuestro impulso de rebeldía. La alegría espiritual no puede ser adquirida más que a través de esta renuncia herida[105].

"Querría poder expresar lo que siento, pero, ¡hay! creo que es imposible. Habría que haber atravesado ese túnel oscuro para comprender su oscuridad. Sentía en el fondo de mi corazón aspiraciones hacia una región más hermosa. Así como el genio de Cristóbal Colón le hizo presentir que existía un nuevo mundo, cuando todavía nadie había pensado en ello, del mismo modo presentía yo que otra tierra me serviría un día de morada estable. Pero he aquí que de pronto, las brumas que me rodean se tornan más espesas, penetran en mi alma y la envuelven de tal manera que me resulta imposible descubrir en ella la imagen tan dulce de mi patria, ¡todo ha desaparecido!

Cuando quiero que mi corazón fatigado descanse de las tinieblas que lo rodean evocando el recuerdo del país lumi-

---

105   BALTHASAR, H. U., *o.c.*, pág. 104.

noso al que aspiro, mi tormento arrecia. Me parece que las tinieblas, apropiándose la voz de los pecadores, se burlan de mí diciéndome: "Sueñas con la luz, con una patria perfumada con las más suaves fragancias; sueñas con la posesión eterna del Creador de todas esas maravillas, crees que algún día saldrás de las brumas que te rodean. ¡Adelante!, ¡adelante!, alégrate por la muerte, que te dará, no lo que esperas, sino una noche aún más oscura, la noche de la nada"[106].

La presencia sensible de Jesús a través de su divina Faz sólo va a ser el punto de partida que ponga en marcha su caminito de ascenso. Su camino será inmensamente largo porque el tiempo no va a marcar las horas en esa noche cerrada, tendrá que caminar en solitario sin ni siquiera la compañía del tic tac de su corazón. El último "logion" del primer apéndice del Evangelio de Juan lo recapitula todo: "Dichosos los que sin ver creyeron" (Jn. 20, 29).

Este arranque constante en la fe llega a hacerse tan asfixiaste, tan insostenible, como ocurriera en el círculo más íntimo de Jesús: "algunos dudaban" (Mt. 28, 17); estaban ante El, en su compañía, pero no lo veían, paralizados los músculos, no se atrevían a mirar a su Señor, porque el frío había aquietado el rumor incesante de su corazón y la sangre detenida no señalaba otro horizonte que el del pavor. Teresa no cuenta con esta presencia que tenían los discípulos, entra en un túnel sin salida donde la oscuridad sin ojos de la noche será su única brújula. Se guiará la niña por el trino más alto de su amor y como un pajarillo, desprotegida, se abandona en el Fíat de su entrega.

"¡Oh, Jesús! Si es necesario que un alma que os ama purifique la mesa que ellos han manchado, acepto comer

---

106 TERESA DE LISIEUX, *o.c.,* pág. 356-357.

sola en ella el pan de la tribulación, hasta que os plazca introducirme en vuestro luminoso Reino"[107].

Al borde del ateísmo

Teresa, muere en el umbral de un siglo ateo, y atraviesa los últimos tiempos de su vida compartiendo con los incrédulos la oscuridad de la fe. Sin dualismos (buenos y malos) entró en la comprensión profunda de la in creencia. "Quiero creer" ¡Ayuda mi incredulidad!". San Juan de la Cruz, una vez más, la guía, le enseña a vivir en el desapego, en la soledad, sin dejar por ello de contemplar la belleza, orando y amando, eso sí, quemándose en este vuelo. En él descubrió la radicalidad de la entrega.

Ambos, Teresa y Juan, recordaban el desprendimiento de Jesús. Estas últimas frases nos evocan la escena que, al inicio de su Pasión, gritaba con lágrimas en los ojos: "Padre mío, si es posible, que pase de mí este cáliz, pero no sea como yo quiero, sino como quieras tú (Mt. 26, 39). En el pensamiento moderno, el hombre que lucha y padece es más que el Dios que contempla. Ahora ha aumentado nuestro dolor porque debemos añadir también la conciencia de proceso. Hoy presenciamos todo tipo de catástrofes, las vemos en vivo y directo, Jesús tenía frente a sus ojos, desde el amanecer hasta el último gemido, el sin sentido del mundo, y por eso, en su terrible agonía, dijo: "Padre: pase de mí este cáliz". Sólo fue un instante, pero el dolor de todos los hombres, desnaciéndose, cayó sobre su abandono. De repente se oscureció el cielo; sin embargo, la creación entera recuperó su sentido con la entrega de Dios. La

---

107 TERESA DE LISIEUX, *o.c.*, pág. 63.

imagen tridimensional del tiempo y el desamor en todos nuestros rostros al mismo tiempo hizo que la razón dudara. Jesús, el amor uno y trino, el Espíritu encarnado, asume nuestro fracaso radical a través de la cruz[108]. En su abandono necesitó rabiosamente del amor de Teresa para combatir con su inocencia la fuerza que dio consuelo a su desaliento.

Nuestra Santa se sienta a la mesa de los pecadores, se alimenta de esta experiencia disparatada, y percibe cómo se siente el hombre que se niega a sí mismo; es la experiencia del absurdo que nos describe Nietzsche. En este nivel, Dios desaparece y logramos bordear los límites del ateísmo. Esta es la experiencia de la cruz donde experimentamos la carencia vital de Dios como absurdo. Pero no se trata de que pidamos pruebas al Señor, pues Él las envía cuando quiere y a quien quiere.

Esta experiencia la descubre Teresa frente a la verdad del mundo, sin embargo, ella necesita convencerse a sí misma de que realmente existe el cielo: "corro a mi Jesús, le digo que estoy dispuesta a derramar hasta la última gota de mi sangre por confesar que existe un cielo. Le digo que me alegro de no gozar de ese hermoso cielo en la tierra a fin de que se lo abra El en la eternidad a los pobres incrédulos"[109].

"Cuando canto la felicidad del cielo, la eterna posesión de Dios, no experimento alegría alguna porque canto simplemente lo que QUIERO CREER. Algunas veces, es verdad, un pequeño rayito de sol viene a esclarecer mis tinieblas, entonces la prueba cesa por un instante"[110]. Ella, profunda conocedora de San Juan de la Cruz, sabe, cuando

---

108 BALTHASAR, H. U., *o.c.,* pág. 131.
109 TERESA DE LISIEUX, *o.c.,* pág. 65.
110 TERESA DE LISIEUX, *o.c.,* pág. 65.

lee sus poemas, de qué le está hablando, aprecia cada metáfora sobre la noche oscura, la presiente cerca de su alma, es un proceso que conduce de la oscuridad a la llama viva y luminosa.

Adquiere la niña una adultez que no es posible que ocurra en tan corto intervalo de tiempo; esta prueba la ilumina, la purifica y encarna nuevamente el rostro desvalido que enamora al Creador. Su vocación es el amor, pero ella recrea la vida en este encuentro, y es Dios quien sale más enamorado, porque ve que lo que ha hecho es bueno, y se extasía contemplando su creación. Se encarna su espíritu en una llama virginal y todos los lirios del campo se abren ante esta presencia divina.

Nosotros aún seguimos creyendo saber tantas cosas, sin embargo ¡es de noche! En este símbolo "noche" aflora la significación de ignorancia en el sentido de creer más de lo que sabemos y de lo que podemos expresar sobre nosotros mismos. En esta declaración también podemos apreciar la verticalidad que conlleva la expresión de la cruz.

La fe en el amor generoso de Dios Padre, en lugar de causarle gozo, hace más densas sus tinieblas. Es decir, Teresa está atravesando ese momento trágico, único, de bordear los límites del ateísmo, que también nos recuerda las palabras de Jesús en la cruz; "¡Dios mío!, ¿por qué me has abandonado?" (Mt. 27, 46)

Esta es su opción por la pobreza evangélica con todo lo que ello con lleva. La muerte y la promesa del descanso en Dios se hizo esperar. El mismo día de su muerte no cree en su muerte: "Mire, Madre mía, cuánta fuerza tengo hoy. No, no voy a morir. Ya no creo en la muerte para mí, sólo creo en el sufrimiento… y mañana, aún será peor. Pues bien, ¡mejor aún¡ Y después de unos momentos, si esto es la agonía, ¿qué será la muerte? Y cuando por fin está acabándose y en medio de la muerte. No puedo respirar, no puedo morir… Y veinte minutos antes del desenlace, Madre mía, ¿no es aún la agonía? ¿No me voy a morir?

Pero ¿quién "puede" ya morir? Tal vez para nadie es tan difícil como para el que está ultra despierto, para Teresa que ha alcanzado un dominio total sobre las últimas fibras de su alma. La noche es precisamente el símbolo para esa distancia, esa desproporción interior al sujeto que éste tiene que superar hasta coincidir consigo mismo. La noche es el medio para abajarse al núcleo de la humanidad y salir trascendido en Dios mismo. Teresa es tan grande que ella misma se resiste a la muerte. "Todavía tengo para meses".

En sus últimos momentos le da pena no morir mártir por el derramamiento de sangre. Ella estaba convencida que todos los misioneros son mártires por el deseo y la voluntad. El martirio permanente del misionero tiene lugar en la cotidianidad, siempre a la luz de la fe y con la confianza puesta en esta espera. Vivir confiada y audazmente, con la convicción de que siempre es posible hacer lo mejor, es el martirio de la esperanza, que se traducirá en una "vida escondida con Cristo en Dios" (Col. 3.3).

Casi en los últimos momentos y abrasada de sed, Teresa dirá con seguridad filial: "Jesús mío, vuestra hijita tiene mucha sed… se siente dichosa… de parecerse más a vos y de salvar almas". Su amor hubiera podido resistir toda una vida, pero Dios no podía ya prescindir de su corazón.

EPÍLOGO

La fe es el rio que recorre el alma de Teresita

Fase uno: Fe para amar a Dios como, padre-madre
Fase dos: Fe para entender que Dios la amaba
Fase tres: Fe en sí misma: autoconciencia
Fase cuatro: Fe en la incondicionalidad del amor de Dios.
Fase cinco: Fe en que desde el amor de Dios quedaba
                        libre del pecado original
Fase seis: Fe en que desde este amor alcanzaría hasta
                        el hombre más alejado de la tierra
Fase siete: Fe en la unión mística: Soy con Jesús

Teresa atraviesa diferentes etapas de conciencia hasta que la cercanía con Jesús altera su conciencia unitaria. Se ve a sí misma como una oración que respira desde el amado.

Con la palabra mística describimos diferentes etapas de la ascética. Teresa vive con tanta intensidad el éxtasis que lo hace participativo. Todos colaboramos con ella de su santidad. Esta es la santidad que Teresa nos ofrece al adoptarnos como a sus hijos queridos, nos hace partícipes de Dios a través de su corazón de fuego.

POETAS incluidos en el libro: Gloria Lima, Carlos Murciano, Angela Reyes y Milagros Salvador.

CARLOS MURCIANO: nació en Arcos de la Frontera (Cádiz). Es musicólogo, crítico literario y crítico de arte, además de uno de los poetas y prosistas más relevantes del panorama literario español. Ha publicado más de cien libros y los galardones por él recibidos son tan prestigiosos como innumerables.

Cito algunos de ellos: Premios Ciudad de Barcelona, Premio Boscán, Premio Ángaro, Premio Gonzáles de Lama, Premio Leonor, Premio Nacional de Literatura en Poesía, (1970), Premio Nacional de Literatura infantil, (1982), etc.

ANGELA REYES: nació en Jimena de la Frontera (Cádiz), Desde 1980 realiza una importante labor cultural mediante la Asociación Prometeo de Poesía. Secretaria General de dicha Asociación, colaboró en la organización de la Escuela de Poesía de Madrid, Ferias y Bienales Internacionales de Poesías.

Tiene una veintena de libros de poesía, de narrativa y de cuentos. Ha recibido los premios de Poesía: San Lesmes Abad, Leonor, Villa de la Roda, Ciudad de Valencia, Vicente Gaos, Blas de Otero.

En Narrativa ha recibido los premios: Juan Pablo Forner, Ciudad de Majadahonda, Ha obtenido varios importantes premios en cuento y ha sido traducida a varios idiomas.

MILAGROS SALVADOR: nació en Madrid donde reside. Licenciada en Filosofía y Psicología por la Universidad Complutense de Madrid. Profesora Especial de Pedagoga Terapéutica. Pertenece al Cuerpo A de Técnicos de la Administración Estatal. Ha colaborada con el Instituto Cervantes y participado en los Cursos de verano de la Universidad de Alcalá de Henares, Ha trabajado como psicóloga en Televisión Española en el Departamento de Investigación y Audiencias. Premio San José de Calasanz por su trabajo "Aspectos fundamentales de una planificación especial" y una larga lista de participaciones internacionales y premios.

Tiene una treintena de libros y ha sido traducida a numerosos idiomas.

ÍNDICE

BIBLIOGRAFIA

BASTIAN, H.D., Teología de la pregunta, Verbo Divino, Estella 1975.

BOUILLARD, D., La lógica de la fe, Madrid 1966.

CARRERA, N., Amor y erotismo del Cantar de los Cantares, Nueva Utopía, Madrid 1997.

CASIANO, F., Conceptos fundamentales del cristianismo, Trotta, Madrid 1993.

CASTILLA CORTAZAR, B., Discurso de ingreso en la Real Academia de Doctores de Madrid: Espíritu Santo, Madrid 1973.

CASTILLA-PINO, C., La culpa, Alianza Editorial, Madrid 1973.

COMBLIN, J., Hacia una teología de la acción, Herder, Barcelona 1977.

CONGAR, Y., La fe y la teología, Herder, Barcelona 1977.

CORETH, E., Cuestiones fundamentales de hermenéutica, Herder, Barcelona 1972.

CHOMSKY, N., El lenguaje y el entendimiento, Seix Barral, Barcelona 1977.

DAMASIO, A.R., El error de Descartes, Madrid 1966.

ECO, U., La estructura ausente, Lumen, Barcelona 1997.

ECO, U., Tratado de semiótica general, Lumen, Barcelona 1977.

FRIES, H., Un reto a la fe, Sígueme, Salamanca 1971.

FROMM, E., El arte de amar, Paidós Estudio, Barcelona 1989.

GADAMER, H.L., Verdad y método, Sígueme, Salamanca 1977.

GARCIA FRAILE, P.M., (ed.) Historia de un alma, San Pablo, Madrid 1997.

GEVAERT, J., El problema del hombre, Sígueme, Salamanca 1966.

GOMEZ CAFFARENA, J., Metafísica fundamental, Cristiandad, Madrid 1983.

HÄRING, B., Libertad y fidelidad en Cristo, Herder, Barcelona 1999.

HERSH- REIMER- PAOLITTO, El crecimiento moral de Piaget a Kohlberg, Narcea, Madrid 1988.

HILDEBRAND, D., Ética, Encuentro, Madrid 1972.

KASPER. W., Introducción a la fe, Sígueme, Salamanca 1976.

KATZ, J.J., Filosofía del lenguaje, Martines Roca, Barcelona 1971.

LAIN, E., Historia de una utopía, Espasa Calpe, Madrid 1994.

LÉVINAS, E., De Dios que viene a la idea, Caparrós, Madrid 1995.

LÉVINAS, E., Ética e infinito, Visor, Madrid 1982.

LÓPEZ IBOR, J., El descubrimiento de la intimidad y otros Ensayos, Espasa Calpe, Madrid 1952.

LÓPEZ IBOR, J., Lecciones de psicología médica, Paz-Montalbo, vol. I y II, Madrid 1964.

LUBAC DE, H., El misterio de lo sobrenatural, Encuentro, Madrid 1991.

MANCINI, G. M., Libro de la vida de Santa Teresa de Jesús, Taurus, Madrid 1992.

MARTI BALLESTER, J., Vida de Teresa de Jesús leída hoy, Paulinas, Madrid 1992.

MARTIN VELASCO, J., La experiencia cristiana de Dios, Trotta, Madrid 1997.

MARTIN VELASCO, J., El hombre ser sacramental (Raíces Humanas del simbolismo), Fundación Santamaría, Madrid 1996.

MOYA, J., Historia de la Psicología, ed. PS, Madrid 1996.

PANNENBERG. W., El hombre como problema, Herder, Barcelona 1976.

PANIKKAR, R., Sobre el diálogo intercultural, Sígueme, Salamanca 1989.

POVEDA ARIÑO, J.M., La Psicología de Santa Teresa de Jesús, Rialp, Madrid 1984.

RAHNER, K., Experiencia del espíritu, Narcea, Madrid 1978.

SCHILLEECKX, E., Revelación y teología, Sígueme, Salamanca 1970.

TERESA DE AVILA, Obras Completas, Tomo II, Madrid 1851.

VIDAL, M., Para conocer la ética cristiana, Verbo Divino, Estella 1989.

VIDAL, M., Diccionario de ética teológica, Verbo Divino Estella 1991.

VIDAL, M., Moral de actitudes, I Moral Fundamental, ed. PS, Madrid 1990.

VON BALTHASAR, H.U., Teresa de Lisieux, Herder, Barcelona 1957.

VON BALTHASAR, H.U., La verdad es sinfonía, Encuentro, Madrid 1979.

WHORF, B.L., Lenguaje, pensamiento y realidad, Barral, Barcelona 1971.

YNDURAIN, D., San Juan de la Cruz, Catedra, Madrid 1987.